入門 情報リテラシーを育てる授業づくり

帝京大学教育学部　教授
鎌田和宏

教室・学校図書館・ネット空間を結んで

少年写真新聞社

目次

はじめに　「はなげの研究」とその後……4

第一部　これからの教育と情報リテラシー

一章　知識・理解の教育からコンピテンスを育てる教育へ……10
二章　情報リテラシーを育てる教育課程の再構築……17
三章　情報リテラシーと読書指導……26
四章　授業で活用できる学校図書館の整備……33
五章　校内組織の再構築……41

第二部　情報リテラシーを育てる授業づくりのポイント

一章　利用指導から情報リテラシーの指導へ……48
二章　授業で利用できる学校図書館機能とは何か……53
三章　授業づくりの基本は何か……58
四章　授業の展開に合わせた学校図書館の活用……73
(1)導入における図書館活用　(2)展開場面での学校図書館活用
(3)終末・発展における図書館活用
五章　総合的な学習の時間における図書館活用……90
六章　特別支援教育と学校図書館……95
七章　情報カードの活用……101

八章　新聞・映像資料の活用……111
九章　ＩＣＴの活用と学校図書館……117

第三部　実践校から学ぶ

●山形県鶴岡市立朝陽第一小学校……124
●島根県松江市立揖屋小学校……128
●神奈川県相模原市立藤野小学校……136
●島根県松江市立東出雲中学校……141
●清教学園中・高等学校（大阪府）……146
●茨城県立水戸第二高等学校……151

～もっと学びたい人へ～　学校図書館をめぐる読書案内……156

おわりに……158
索引……162

巻末資料

資料５　学校図書館法……xi
資料４　平成20・21年度小中高等学校学習指導要領における「学校図書館」に関わる記述…viii
資料３　ユネスコ学校図書館宣言……vi
資料２　情報・メディアを活用する学び方の指導体系表……iv
資料１　【学校図書館活用教育】松江市小中一貫基本カリキュラム
「学び方指導体系表」～子どもたちの情報リテラシーを育てる～……i

はじめに　「はなげの研究」とその後

未来を支えるのは子どもである。子どもに関わるすべての大人は未来の創造に関わっている。私たちはどのような未来を考え、子どもと向き合っているのだろうか。現在、二〇二〇年から実施される学習指導要領の改訂作業が進められている。そこでは二〇三〇年の社会で活躍できる人の姿を想定して議論が進められているというが、未来は予想することができないとも語られている。私たちは予測不能の未来に向かって、どのように子どもたちを送り出していけばよいのだろうか。私は子どもたちが世界とつながり表現者となるための「情報リテラシー」を育む手助けをすることが大切なのではないかと考えている。そのことを実感・確信したのはゆう君（仮名）たちを担任した二年間だった。読書の習慣づくりと学校図書館の活用を軸に実践した二年間であった（註）。

小学校二年生の秋にゆう君はこんな作文を書いた。

「ようかいのまち」

八月に三ぱく四日のたびに行った。ひ行きで一時間五分の小さいところ。そこの名はとっとり「よなご」だ。とっとりの「さかいみなと」という町は「ようかいの町」だというので、夏休みのじゆうけんきゅうが「ようかい」のぼくは、かぞくと一しょにはりきって出かけた。さかいみなとへいくでん車はきたろうれっ車。よなご（ねずみ男駅）の0ばんホームから出てる。車内のかべも天じょうもきたろうだ。ワクワクしてきた。さかいみなとまで四〇分でとうちゃく。えきのかいさつには、「ようかいの町へようこそ。」と書いてある。よう気がただよっていいかんじだ。外へ出るといきなりようかいのブロンズぞうが広がった。しゃしんをどんどんとった。こうばんもポストもきたろうだ。外とうは目玉おやじだ。公園やじんじゃにもようかいたちがいる。ぼくもゲタを買ってもらってきたろうになった気分だ。それにしても空が広い。川もきれいで魚もいた。そしてのんびりした町だ。こんな町だからようかいもすめるのだろう。と会はいそがしすぎてだめらしい。そろそろかえる時間だが、「そでひき小ぞう」にそでをひかれてかえれない。またくるからね、とれっ車にのる。うんてん手さんの顔が一しゅん「のっぺらぼう」に見えてゾクッとした。ちがうせかいへ行ったようなふしぎなたびだった。

この作文を研修会等で紹介すると、彼のユーモアに笑い声がわき起こる。小学校二年生がこのような文章を書けるのかと、皆さん驚かれる。彼が豊かな探究者・表現者となった契機は、一年生の終わりに書いた「はなげの研究」という生活作文だったと私は考えている。

「はなげ」

さいきん、おふろにはいったときかおだけにつめたい水をかける。おふろがあついから、水がきもちいい。そしてはっ見したことがある。かおにみずとおゆを、こうたいでかけてたら、なんとはなげがのびてきた。三日つづけてやったらのびてきた。かおにしげきをあたえたからではないか。けんきゅうはつづくのだ。

この作文をきっかけに、ゆう君は「はなげ」について研究を進めていく。研究の進展は作文で報告され、学級の子どもたちと共有された。仲間の感想や声援がゆう君の研究を勇気づける。しばらくしてこのような報告がされた。

「はなげ3」

きょうは、はなげはなんであるのかとおもってからだのじてんでしらべてみた。はなは、くう気をすいこむ大じなところだけど、くう気をすうと、ゴミもはいってくるけどはなげは、ゴミがおくまで入らないように、ふせいでくれている。はなのおくまでゴミが入ったときは、くしゃみでおいだす。はなげって大じなんだなーとおもった。あとちょっぴりけんきゅうするね。

観察し、実験し、図鑑や事典で調べ、考え、ゆう君は研究を進める。

「はなげ5」

つめたい水をかけるかと、はなげがのびるかとおもって、じっけんやけんきゅうをつづけたけど、けんきゅうはしっぱいしてしまった。はなげはのびなかった。大はっ見だとおもったけどちがった。がっかりだ。だけどママがしっぱいはせいこうのもとだと、いったし、い大なはかせもなんどもしっぱいしているといってた。だからぼくも、たくさんしっぱいしてもいいからいろんなけんきゅうをしてみたい。つぎはなにをけんきゅうするかな。はなげ　お・わ・り。

ゆう君は自分の研究は失敗だったと振り返る。彼の落胆はわかるけれど、果たして何をもって成功とし、失敗とするのだろうか。このあとゆう君の作文は日常を記述するだけではなく、調べて考えるものが多くなる。そして、冒頭紹介した「ようかいのまち」が書かれるのである。ゆう君たちとの二年間では読書と学校図書館の活用に力を入れて、「情報リテラシー」を育てる実践に取り組んだ。子どもたちが日常的に読書に向かう環境をつくり、読み聞かせに取り組み、互いに好きな本を紹介し、読み合った。子どもたちが出会う不思議な出来事や楽しいことを共に楽しみ、調べ、考え合った。彼がもともと持っていたものが大きかったのだろうとは思う。ゆう君は、すばらしい探究者・表現者に成長した。このクラスの子どもたちはよく読み、調べ、書き、語り合ったと思う。

七年後、ゆう君たちに会う機会を得た。様々なエピソードを思い出し語る中で、子どもたちは口々に「よく書いた」と語った。あれだけたくさんの本を読み聞かせ、読んだのだが、それが話題に上らなかったのは意外だった。その後、子どもたちは様々な先生と学んだが、調べたり書いたりすることで困ったことはなかったと話していた。低学年期にずいぶん力を蓄えたからだということなのだろう。ゆう君は一・二年生のころのことを振り返って「書くこととか、調べることとか……、今の自分の人格面……、形成されていると思います」と語った。彼の今にとって、書くこと、調べることの基盤をつくり、今の彼のありように影響を与えたということだろうか。その後、彼の担任の先生にお話を伺う機会があり、彼が自分らしさを大切にして、自ら調べ、行動していったエピソードを聞かせていただいた。すばらしいなと思った。

子どもたちを未来に向けて送り出す。何を伝えれば役立つのか。どのようなことができるようになればよいのか。時により、ところにより、伝え・育てる内容は変わるだろうが、情報を手に入れ、読み解き、考え、表現し、世界とつながるすべを持たせることは、変わらず必要である。本書では情報リテラシーを育てる教育に取り組んできた先進地域・先進校の実践研究に関わり、学んできたことをもとに、小中高等学校で情報リテラシーを育てる授業づくりをどう考えていけばよいか述べていくことにしたい。

註　著者の小学校教師として情報リテラシーを育てる教育実践については拙著『小学生の情報リテラシー～教室・学校図書館で育てる』（少年写真新聞社、二〇〇七年）をご覧いただきたい。

第一部　これからの教育と情報リテラシー

一章　知識・理解の教育からコンピテンスを育てる教育へ

これからの時代に求められる資質・能力とは何か

前期近代社会では社会の発展に貢献し、自らも社会的に成功するために必要な事柄は何かが一定程度明確であった。それ故、学校教育では極めて基本的なリテラシー（読・書・算）と社会で生きていくために必要な基礎知識の習得に重点が置かれてきた。私たちの社会に課題があっても、既にその問題に取り組んできた先進国があり、手本となるものをなぞりながら学んでいけばよかった。しかし、これからの社会を発展させ、自らも成功するために、何を知っていればよいのかは見えてこない。例えば日本は世界に先駆けて超高齢社会に突入していく。このような国はほかになく、海外の事例に、日本の問題の解決策を見いだすことは困難であろう。このような状況だからこそ「人間力」、「就職基礎能力」、「社会人基礎力」、「学士力」（註1）等といった汎用的能力と呼ばれる広範にわたる資質・能力が求められるのだ。個別の知識や技能の習得で対応できる時代は終わったのである。

現代はリスク社会との見方もある（註2）。産業社会は我々に富と繁栄をもたらしてきたが、現在は富と共にリスクも生み出している。このリスクを我々は直接見聞きし、知覚することは困難である。二〇一一年の東日本大震災とそれに伴って起きた福島第一原発の事故、放射線被害の例を引くまでもなく、現代のリスクは装置やメディアを通じてでなければ認知することができない（註3）。また分業が進みグローバリゼーションの進んだ社会に暮らす私たちは、グローバル化するリスクを情報メディアによってしか知るすべがない。このような現状を考えると、情報をどのように扱うかという情報リテラシーを身につける重要性が増しているのが現在である。

学校教育はどう変わっていくのか

現在二〇二〇年から実施される学習指導要領の検討が進められている（本稿執筆は二〇一六年）。この学習指導要領改訂の議論が進められる前に、国の教育政策のシンクタンクである国立教育政策研究所は、次期学習指導要領に向けて、教育課程に関する研究に取り組んだ（註4）。研究では、これからの時代に求められる資質・能力を国際的な学力標準を視野に入れて「21世紀型能力」（図1）として提示した。

図1　21世紀型能力

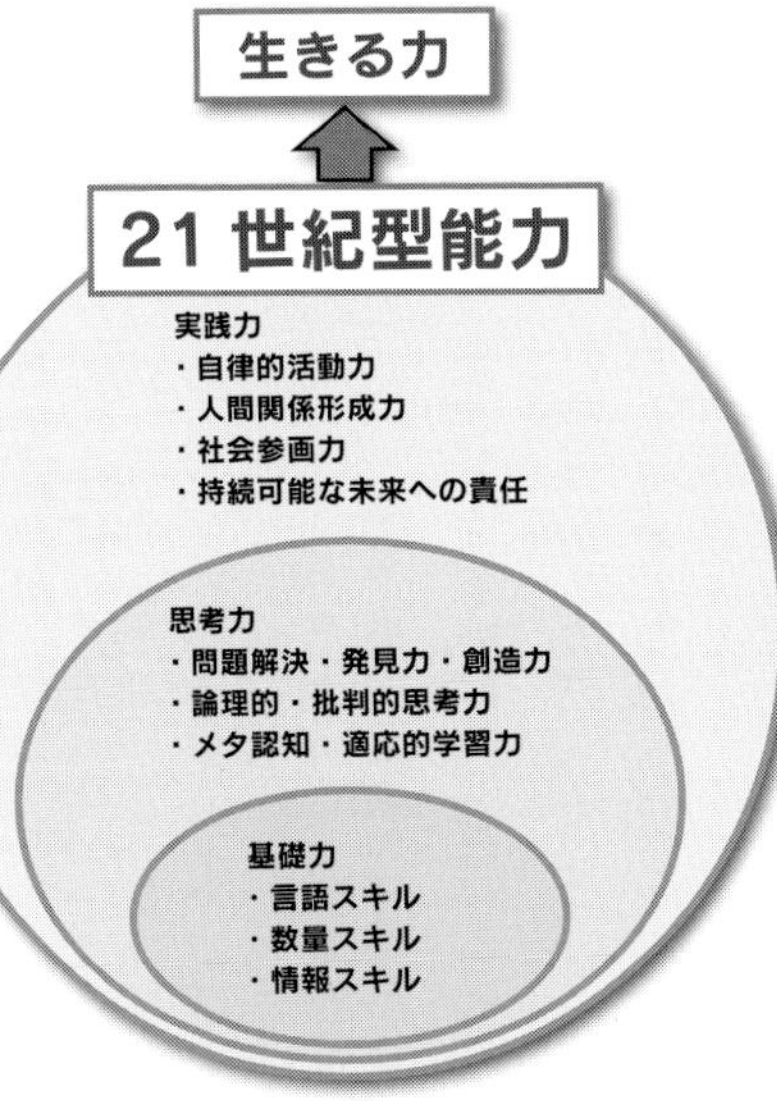

「社会の変化に対応する資質や能力を育成する教育課程編成の基本原理〔改訂版〕」（国立教育政策所、2013年3月）より

21世紀型能力は、生きる力を構成する資質・能力から、教科領域を横断的に学習することが求められる能力を重要な資質・能力として抽出し、これまで日本の学校教育が培ってきた資質・能力を踏まえつつ、基礎・思考・実践の観点から再構成した日本型資質・能力の枠組みであると言えよう。三つの観点からは基礎力・思考力・実践力が導き出されるが、これら三つは21世紀型能力を具現化する段階ではなく、重層的な構成要素だとしている。この三つの力は、思考力（問題解決・問題発見力・創造力、論理的・批判的思考力、メタ認知・適応的学習力）を中核とし、それを支える基礎力（言語スキル・数量スキル・情報スキル）と、思考力の使い方を方向づける実践力（自立的活動力、人間関係形成力、社会参画力・持続可能な未来への責任）の三層構造をなし、実践力が21世紀型能力、ひいては生きる力へとつながると説明されている。

この研究や、文部科学省とOECDで行われている共同研究の成果をもとに、学習指導要領の具体が検討されている（註5）。そこでは、二〇三〇年の社会とそして更にその先の未来を築くために教育課程を通じて初等中等教育が果たすべき役割を検討しているが、その前提として、子どもたちが育ち、活躍する未来の変化を予測することが困難だとしている。そのような社会に送り出す子どもたちに必要な学校教育で育てるべき資質・能力を以下の三点だとしている。（図2参照・註6）。

①何を知っているか・何ができるか（個別の知識・技能）
②知っていること・できることをどう使うか（思考力・判断力・表現力）
③どのように社会・世界と関わり、よりよい人生を送るか（主体性・多様性・協働性、学びに向かう力・人間性など）

これらについて二十一世紀型能力をもとに考えると、②を中核とし、それを支える①、そして②を方向づける③という構造を持っていると考えられる。中央教育審議会の議論ではこの三つの資質・能力を育てるた

図2　育成すべき資質・能力の３つの柱

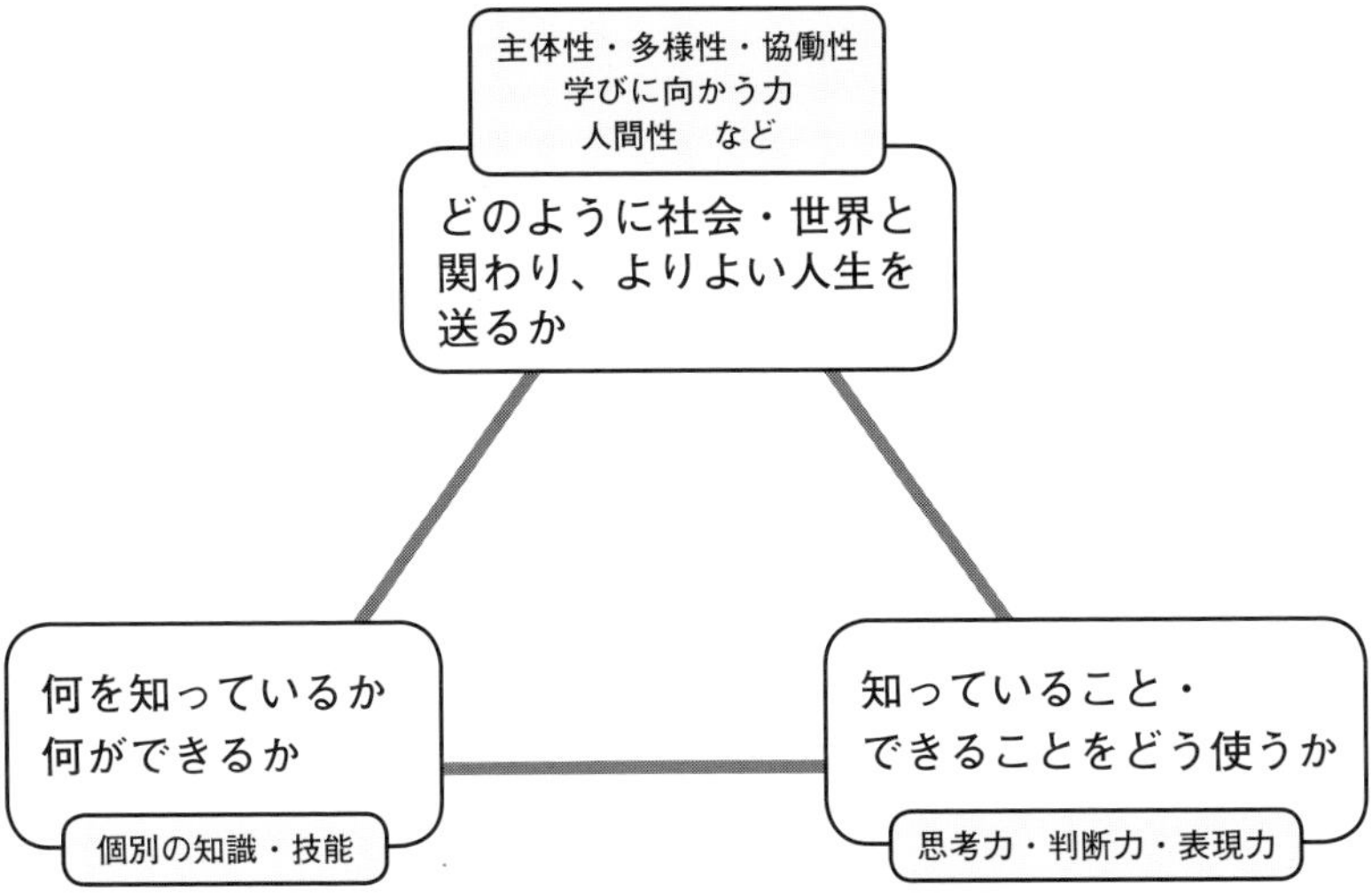

中央教育審議会「教育課程企画特別部会 論点整理補足資料(1)」（文部科学省、2015年8月）より

めに、アクティブ・ラーニングを位置づけて指導方法を改善し、主体的・能動的・対話的で深い学びを構成するとしている。また、カリキュラム・マネジメントを展開し(註7)、現実社会とのつながりを重視した社会に開かれた教育課程とすることを構想している。これに伴って各教科等の目標も整理が行われ、各教科等が連携して横断的・総合的に育てられる資質や能力が明確になり、学校現場では、一人の人間に汎用的能力をいかに育て人間形成を支援していくかが課題となっていくことだろう。

これからの教育と学校図書館

このような教育改革の方向性から考えると、学校図書館のような汎用的な能力が発揮される場は重要性を増してくると考えられる。学校図書館を活用して、探究的な学習を展開し、問題解決力を育てるような授業が求められてくるだろう。もちろん、個別の知識・技能が不要になったわけではない。だが、これらを使って何ができるかが問われるのである。ＮＤＣ（日本十進分類法）は知らなくてはならない。しかし、それを使って、求める資料が探せなければＮＤＣという個別の知識は役に立たない。そして、探し出した資料を読み、知りたいことがわかり、それをもとに考えることによって、直面する問題を解決することができる。

情報を読み解く力をつけていくために、これまでは教科書や教師が用意した資料ですませていたかもしれない。しかし、高度情報社会では大量で様々な種類の情報を扱うことが求められる。自分で目的に応じた情報を集める力も極めて重要である。また、大量の情報を目的に応じた方法で読み解く力も必要である。これらは、「情報リテラシー」と表現されるもので、**個々の問いや願いにもとづき、調べ、考え、表現する力と技**であるということができる（図３）。

これまで学校教育ではその必要性に比して、応分に意識されず、重視されてこなかった力と技である。これを育てるというニーズに応じるには、教師がこれまでの授業・単元構成、教育方法を変える必要があろう。

図３　情報リテラシーの概念図

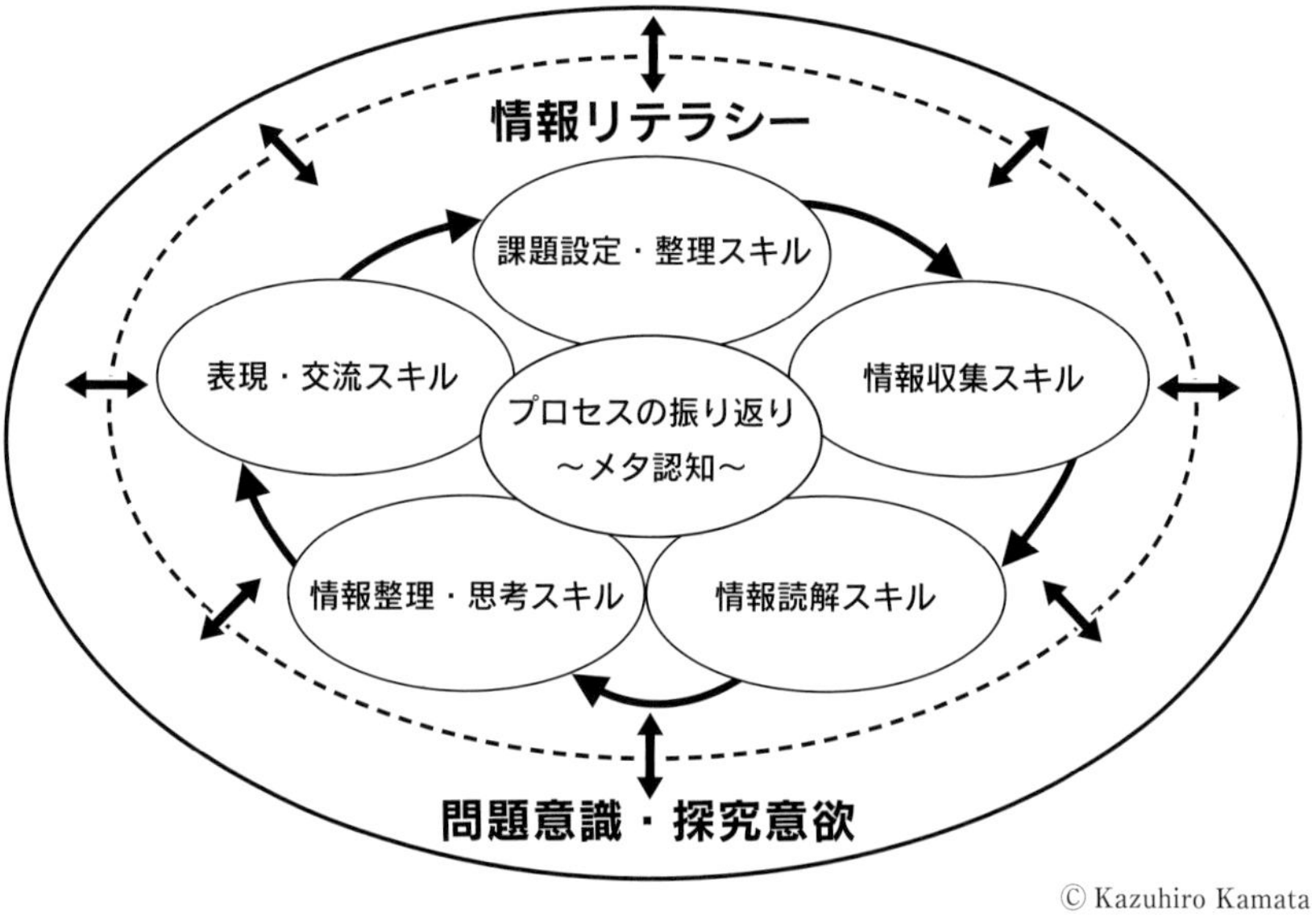

© Kazuhiro Kamata

すなわち学習・情報センターとしての学校図書館の活用を位置づけるのである。このような学びの過程で培われる資質・能力は各教科の学習の中でというよりは、教科を超えた横断的・総合的な主題に対する学習の場で育てられることだろう。各教科でも知識や技能を活用する学習で学校図書館は活用できるが、とりわけ総合的な学習の時間での活用が期待される。

ただ、総合的な学習の時間については危惧もある。二〇〇二、三年から実施された学習指導要領に総合的な学習の時間が示された際、学校図書館関係者は大きな期待を抱いた。これから展開する横断的・総合的な学習には学校図書館で提供する資料が不可欠であるから、学校図書館の利用が活発になるはずだと。しかし期待通りになっただろうか。その一〇年後の改訂の際に、総合的な学習の時間では探究的な学習を行うことが明示され、総合的な学習の時間における学校図書館の役割についても学習指導要領解説編で一層明らかに示された。従前より活発に学校図書館が活用されているとの報告を私たちは聞いただろうか。確かに学校図書館整備に力を入れ、学校司書を配置したり、資料購入予算を増額したりという自治体はわずかながらも増えている。だが、学校図書館を活用した実践が盛んになっているとの報告は―特に授業のレベルで―聞かれていないのではないか。今回の学習指導要領の改訂も、原理的には読書や学校図書館を活用した教育実践を求めているものだとしても、具体的な子どもの学習活動レベル、授業レベルでの提案・改革がなければ、事態は大きく変わらぬように思われる。教育課程の編成基準と、図書館活用教育がこれまで蓄積してきた知見を摺《す》り合わせ、教育課程経営に関与しながら、具体的な授業レベルでの改革を行う必要があるだろう。

これまで述べてきたような取り組みをするためには、学校図書館に有効に機能できる専任の担当者の配置が望まれる。一二学級以上の学校には司書教諭が発令されているが、実際にその職務を担いうる状況にはない。先進的な取り組みをしている鳥取県では、司書教諭に週に五時間の司書教諭業務専念時間が確保されているとのことだが、それでも十分な時間ではないようだ。

二〇一五年四月に施行された改正学校図書館法では学校司書の配置が明文化された。これによって、学校司書を配置する自治体が出てきている。法制上は、努力義務である。学校司書の配置が、学校図書館の整備だけではなく、司書教諭やその他の教諭職、学校のすべてのスタッフとの協働が実現し、情報リテラシーの育成が視野に入れられたものとなった時、大いなる発展が期待できるであろう。

註1　「人間力」は内閣府の人間力戦略研究会報告書（二〇〇三年）、「就職基礎能力」は厚生労働省の若年者の就業能力に関する実態調査（二〇〇四年）、「社会人基礎力」は経済産業省の社会人基礎力に関する研究会中間とりまとめ（二〇〇五年）、「学士力」は中央教育審議会答申（二〇〇八年）に示されている。

註2　ウルリヒ・ベック『危険社会』（法政大学出版局、一九九八年）

註3　福田充『リスク・コミュニケーションとメディア』（北樹出版、二〇一〇年）一一ページ

註4　国立教育政策研究所　研究代表　勝野頼彦「教育課程の編成に関する基礎的研究報告書5　社会の変化に対応する資質や能力を育成する教育課程編成の基本原理」（二〇一三年）

註5　前掲「教育課程の編成に関する基礎的研究報告書5」二六ページ

註6　本稿執筆時点では、新たな学習指導要領は示されていない。そこで、ここでは教育課程の編成の基本方針について整理された以下をもとに展開している。中央教育審議会　初等中等教育分科会教育課程部会「教育課程企画特別部会における論点整理について（報告）」（二〇一五年八月）(http://www.mext.go.jp/b_menu/shingi/chukyo/chukyo3/053/sonota/1361117.htm)、（二〇一六年五月五日確認。以下同様）。図2は、前掲『論点整理』補足資料（1）二七ページのものを一部省略した。

註7　カリキュラム・マネジメントは二〇〇八年の文部科学大臣の中教審への諮問「初等中等教育における教育課程の基準等の在り方について（諮問）」の中で登場した。これは次の三つに捉えられるとしている。①教育課程を編成し、計画・実施・評価のPDCAサイクルを回すこと②教育内容を相互に関連づけ横断し教育課程全体を捉えること③個々に捉えられがちな教育内容と条件整備を一体として扱う発想のことだとされている。天笠茂・合田哲雄「対談　なぜ、カリキュラム・マネジメントが必要なのか」（教育開発研究所）『月刊　教職研修』No.五一四　二〇一五年六月号

二章　情報リテラシーを育てる教育課程の再構築

情報リテラシーの育成には長い時間が必要

情報リテラシーを育てるには長い時間が必要である。一時間、一単元の学習で情報リテラシーのある部分が育てられることも期待できるが、長いスパンで考えていかないと汎用的な能力はなかなか身につかない。一年、いや複数年を視野に入れることが必要なのである。また、学校教育では複数の大人が子どもの指導に関わる。それぞれの大人が個々の持ち味を活かして教育することの意義は大きいのだが、複数年にわたって育てねばならないことについては、共通の認識を持ち、連携して指導にあたった方がよいに違いない。特に、汎用的能力のような横断的・総合的な主題に関する学習で育てられる資質・能力については、これまで以上に学校のスタッフ全員で共通認識を持ち、連携して指導にあたられることが求められるだろう。

例えば、わからないことがあって困って泣いている子どもがいた場合、泣いていても事態は解決しないから、何がわからないのか、困っていることは何かなど、周囲の人に相談したりたずねたりすることを教えるだろう。そして、たずねることができるようになってくると、他人にたずねなくとも、自分で調べて解決できることは自分で調べるように助言することになるだろう。その子ども個々の状況や、発達などを見ながら指導助言することになるだろうが、同じ子どもに対して、ある大人は困った状況を大人が解決してやったり、別の大人は何で泣いているのか理由を話してごらんと問いかけたり、また別の大人は、自分で解決すべきであろうと見守っていたりということでは指導の効果は十分に得られず、子どもは混乱してしまうだろう。また小学校の時にすでに学習し、できるようになっていたことを踏まえずに、中学校で指導するという場合もあるのではないか。復習ができてよいということもあるかもしれないが、もっと高みを望める状況にある子どもにとっては冗長な指導となる場合もある。個人差は踏まえつつも、どのような指導がされてきたのかを把握し、どう指導していくのか見通しをもって組織的に取り組むことによって、効果的な指導ができるようになる。

情報リテラシーの育成は学校の教育課程に表現され、各学年の年間指導計画、各教科等の年間指導計画や単元の指導計画に位置づけられなければ、行われない。情報リテラシーの育成を位置づけた教育課程を編成する必要があるのだ。

情報リテラシーの視点から教育課程を再構築する

ただ、現行の学習指導要領下の教育で、情報リテラシーに関係する事項が全く触れられてこなかったわけではない。各教科等それぞれで、個別に、関連づけられずに指導されてはきている。全国学校図書館協議会は、二〇〇四年に「情報・メディアを活用する学び方の指導体系表」（註1）を公表している。これは当時の学校教育で扱われている実際の小中高等学校の内容から、①学習と情報メディア　②学習に役立つメディア

の使い方　③情報の活用の仕方　④学習結果のまとめ方の四つの視点から情報リテラシーを育てる指導事項を整理したものである。これが一つのひな形となって、いくつかの地方で、自治体ごとや学校ごとの体系表がつくられ、実践に役立てられている。

例えば巻末付録にある島根県松江市の体系表を見てみよう(註2)。これは、同市に合併された旧八束郡東出雲町で作成された体系表をもとにしているが、東出雲町は全国学校図書館協議会の体系表を参考にしながら、町の実態を考慮して「情報・メディアを活用する学び方の指導体系表」を作成した(註3)。この体系表をもとに、町内四校（小学校三校、中学校一校）の小中学校で図書館を活用した授業が実践された。そして体系表はこれらの実践等を通じて学校図書館担当者会（司書教諭・学校司書）によって評価・修正が重ねられた。四校の担当者の協働にあたっては、体系表の管理を担当した学校図書館支援センターがコーディネートを行った。

松江市の「学び方指導体系表～子どもたちの情報リテラシーを育てる～」は、東出雲町の資産を継承して松江市学校図書館支援センターによって作成され、利用されている。この体系表は全国学校図書館協議会・東出雲町の体系表をもとに、現在松江市で使用されている教科書の内容を精査しながら作成された。学習指導要領の汎用的な学力にあたるところをピックアップし、情報リテラシーを育てる視点から整理した教育課程の再編成のためのツールであるといってよいだろう。①知る（図書の利用・分類配架）②見つける（課題の設定）③つかむ（情報の収集・情報の取り出し・出典著作権等）④まとめる（情報の整理・まとめ）⑤伝え合う（発表交流）⑥ふり返りの六つの視点で構成されている。これを参照して各小中学校では教育課程を編成し、年間指導計画・各教科等の学習指導計画を作成し実践することを学校図書館支援センターは働きかけている。松江市には全学校に学校司書が配置されている。学校によっては取り組みの温度差はあるものの、司書教諭・学校司書を中心とした学校図書館のスタッフの働きかけによって学校図書館を活用して情報リテラシーを育てる教育課程・年間指導計画・単元指導計画が作成され、実践されている。この体系表の作成にあたっては、松江市内の司書教諭と学校司書の代表によって、実践を通じて評価・修正されている。評価・修正にあたっては学校図書館支援センターのスタッフはもとより、教育委員会の指導主事が複数で大きく関与している。今後の実践での広範な活用と展開が期待されるが、注目度も高く、鳥取県の「とっとり学校図書館活用ビジョン」などでも参考にされている。

このような、教育委員会レベルの動きの基盤となっている法的な背景はどうなっているだろうか。そもそも、学校図書館は学校図書館法（巻末資料５参照）により、教育課程の展開に寄与することが使命とされている。

「この法律において「学校図書館」とは、小学校（特別支援学校の小学部を含む。）、中学校（中等教育学校の前期課程及び特別支援学校の中学部を含む。）及び高等学校（中等教育学校の後期課程及び特別支援学校の高等部を含む。）（以下「学校」という。）において、図書、視覚聴覚教育の資料その他学校教育に必要な資料（以下「図書館資料」という。）を収集し、整理し、及び保存し、これを児童又は生徒及び教員の利用に供することによって、学校の教育課程の展開に寄与するとともに、児童又は生徒の健全な教養を育成することを目的として設けられる学校の設備をいう。」（傍線筆者、以下同様）

これからわかるように情報リテラシー育成の拠点となる学校図書館は、学校教育の柱である教育計画、すなわち教育課程の展開に寄与することが使命なのである。

学習指導要領と学校図書館

学校図書館法には理念が示されていたが、具体的な教育課程の編成に関わることについてはどのように示されているのだろうか。教育課程編成の基準である学習指導要領に学校図書館は次のように示されている。

学校図書館を計画的に利用しその機能の活用を図り、児童の主体的、意欲的な学習活動や読書活動を充実すること。

これは現行の小学校学習指導要領（平成二〇年度版）第1章総則の第4　指導計画作成等にあたって配慮すべき事項2の（10）である（巻末資料4参照）。同様の記述が中学校・高等学校にもある。学校図書館の目的は、児童や生徒の主体的、意欲的な学習活動・読書活動の充実にあるとされている。ここでいう機能とは、学習・情報センター機能と読書センター機能である。これについて、総則の解説では、もう少し詳しく示されている。

学校図書館については、教育課程の展開を支える資料センターの機能を発揮しつつ、①児童が自ら学ぶ学習・情報センターとしての機能と②豊かな感性や情操をはぐくむ読書センターとしての機能を発揮することが求められる。したがって、学校図書館は、学校の教育活動全般を情報面から支えるものとして図書、その他学校教育に必要な資料やソフトウェア、コンピュータ等情報手段の導入に配慮するとともに、ゆとりのある快適なスペースの確保、校内での協力体制、運営などについての工夫に努めなければならない。これらを司書教諭が中心となって、児童や教師の利用に供することによって、学校の教育課程の展開に寄与することができるようにするとともに児童の自主的、主体的な学習や読書活動を推進することが要請される。今回の改訂においては各教科等を通じて児童の思考力・判断力・

表現力等をはぐくむ観点から、言語に対する関心や理解を深め、言語に関する能力の育成を図る上で必要な児童の言語活動の充実を図ることとしている。その中でも、読書は、児童の知的活動を増進し、人間形成や情操を養う上で重要であり、児童の望ましい読書習慣の形成を図るため、学校の教育活動全体を通じ、多様な指導の展開を図ることが大切である。このような観点に立って、各教科等において学校図書館を計画的に活用した教育活動の展開に一層努めることが大切である。各教科等においても、国語科、社会科及び総合的な学習の時間で学校図書館を利活用することを示すとともに、特別活動の学級活動で学校図書館の利用を指導事項として示している。（小学校学習指導要領　解説総則編第3章第5節　教育課程実施上の配慮事項10　学校図書館の利活用）

まず学校図書館が司書教諭のリーダーシップによって、二つの機能である学習・情報センター機能と読書センター機能を発揮することが重要だとされている。そしてこの学習指導要領改訂の重点である言語活動の充実への貢献があげられていることに注目したい。読書は、言語に関する能力の育成を図る上で重要な役割―知的活動・人間形成・情操―を果たしており、読書の習慣形成に学校の教育活動全体を通じて取り組むことが重要だとされている。具体的には、小学校では国語科・社会科・総合的な学習の時間・学級活動での活用が指導要領上で示されているが、ここであげられた教科等以外での活用も求めている。

ここで触れられた言語活動に関することは、指導要領解説では次のように述べられている。

確かな学力を育成するためには、基礎的・基本的な知識・技能を確実に習得させること、これらを活用して課題を解決するために必要な思考力、判断力、表現力その他の能力をはぐくむことの双方が重要であり、これらのバランスを重視する必要がある。

このため、各教科において基礎的・基本的な知識・技能の習得を重視するとともに、観察・実験やレポートの作成、論述など知識・技能の活用を図る学習活動を充実すること、さらに総合的な学習の時間を中心として行われる、教科等の枠を超えた横断的・総合的な課題について各教科等で習得した知識・技能を相互に関連付けながら解決するといった探究活動の質的な充実を図ることなどにより思考力・判断力・表現力等を育成することとしている。また、これらの学習を通じて、その基盤となるのは言語に関する能力であり、国語科のみならず、各教科等においてその育成を重視している。さらに、学習意欲を向上させ、主体的に学習に取り組む態度を養うとともに、家庭との連携を図りながら、学習習慣を確立することを重視している。

言語活動の充実のねらいは探究活動の質的な充実によって思考力・判断力・表現力等を育成することにある。そのためには、レポートの作成や論述などの知識・技能の活用を図る学習活動を充実させることがその前提としてあるのだという。また、これらは国語科だけでなく各教科で取り組む必要があるとしている。

ここでいう探究活動は学習指導要領ではどのように示されているのだろうか。探究活動については総合的な学習の時間に記述がある。総合的な学習の時間の目標には、次のように示されている。

横断的・総合的な学習や探究的な学習を通して、自ら課題を見付け、自ら学び、自ら考え、主体的に判断し、よりよく問題を解決する資質や能力を育成するとともに、学び方やものの考え方を身に付け、問題の解決や探究活動に主体的、創造的、協同的に取り組む態度を育て、自己の生き方を考えることができるようにする。（平成二〇年度版　小学校学習指導要領　第五章　総合的な学習の時間）

これは、中学校・高等学校の目標にも同様の記述があるが、探究的な学習はこの改訂の際に新たに付け加わったものであり、探究的学習とは物事の本質を探って見極めようとする一連の知的営みのことであるとしている。探究的な学習について指導要領解説はかなりの紙数を割いて解説している。（図4）を示しながら、探究

図４　探究的な学習の学習過程

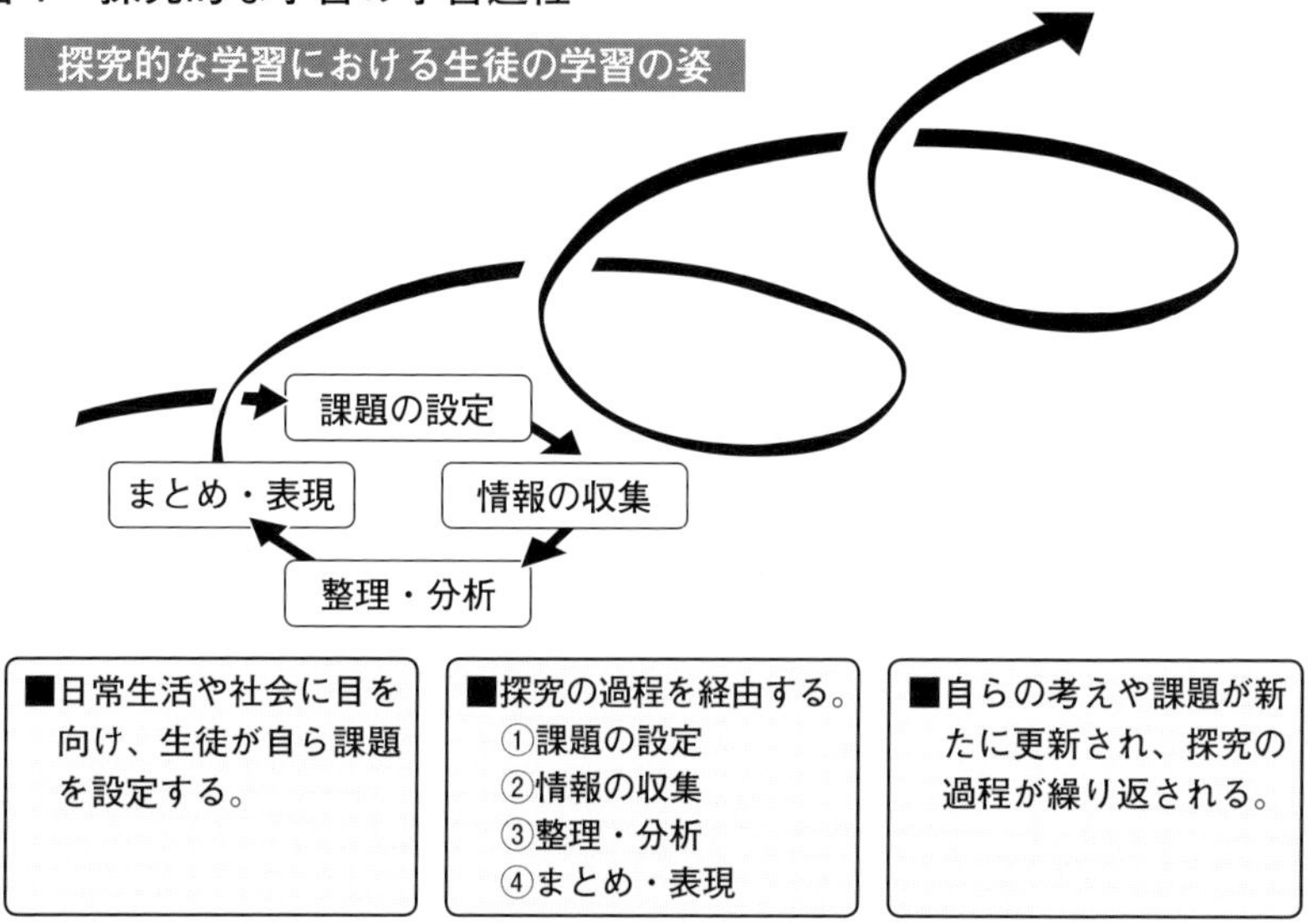
探究的な学習における生徒の学習の姿
課題の設定
情報の収集
整理・分析
まとめ・表現
■日常生活や社会に目を向け、生徒が自ら課題を設定する。
■探究の過程を経由する。
①課題の設定
②情報の収集
③整理・分析
④まとめ・表現
■自らの考えや課題が新たに更新され、探究の過程が繰り返される。

（中学校学習指導要領解説　総合的な時間編）

的学習の過程を以下の四つであるとしている。

①課題の設定（体験活動などを通して、課題を設定し課題意識をもつ）

②情報の収集（必要な情報を取り出したり収集したりする）

③整理・分析（収集した情報を、整理したり分析したりして思考する）

④まとめ・表現（気づきや発見、自分の考えなどをまとめ、判断し、表現する）

この四つの過程は探究によっては当然順序が入れ替わりうるものであり、プロセスが一体化して同時に行われる場合もある。探究では、この過程が発展的に繰り返されることが想定されている。

引用が続いたが、学校図書館のスタッフは、学校教育の変革の中で求められている学力と情報リテラシーの関連、そして学校図書館が果たすべき役割とその必要性を、管理職をはじめ学校のスタッフに説明・説得するため―法的な根拠も含め―十分理解しておきたい。

読書や学校図書館活用に期待を寄せ、情報リテラシーを育てようとする者は、自分だけの実践にとどまっていてはならない。学校図書館を活用して展開する、情報リテラシーを育てる教育は図書館活用教育へと発展していく。図書館活用教育とは、学校図書館の持つ四つの機能（図7、五七ページ参照）を教育に活かし、心豊かな生涯学習者を育てる教育である。学校図書館の活用から情報リテラシーを身につけ、生涯にわたって図書館を活用し、豊かに生きる人に育つことをめざしている。情報リテラシーはこれからの時代を生きる子どもたちすべてに身につけてもらいたいものである。だから、学校をあげ、すべての学校のスタッフで取り組み、育てていけるようにしなければならないのである。

註1　全国学校図書館協議会「情報・メディアを活用する学び方の指導体系表」（二〇〇四年四月）、（http://www.j-sla.or.jp/pdfs/material/taikeihyou.pdf）のちに、全国学校図書館協議会編『情報を学習につなぐ―情報・メディアを活用する学び方の指導体系表解説』（全国学校図書館協議会、二〇〇八年）（巻末資料2参照）。

註2　松江市学校図書館支援センター「学び方指導体系表―子どもたちの情報リテラシーを育てる」（http://www1.city.matsue.shimane.jp/kyouiku/gakkou/gakkoutosyokan/gakkoutosyokannkyouiku.html）、（巻末資料1参照）

註3　原田由紀子『東出雲発！学校図書館改革の軌跡―身近な図書館から図書館活用教育へ―』（国土社、二〇一二年）。七三ページ

三章　情報リテラシーと読書指導

「読書」とは何か

「読書」という語を聞いた時に、どのようなイメージを持たれるだろうか。まずは本を読む姿を思いうかべられるのではないか。

その本を読む姿を詳しく見てみると、どのような本を読んでいるのだろうか。例えば次の二書であったとしたら、どちらがイメージに近いだろうか。

A『赤毛のアン』

B『経営者になる　経営者を育てる』

Aは言わずと知れた古典的名作、文学作品であり、Bは知識を得るための実用的な書籍である。私たちは「読書」という語を聞いた時に、圧倒的にAに類するような本を思い浮かべるのではないだろうか。

ところが大人になるとそのような読書に割ける時間は次第に少なくなっていくのではないか。長ずるに従って楽しみは増えていく。かならずしも読書が余暇を充実させる娯楽の中心ではない。楽しみのための「読書」は減っていくかもしれないが、生きるための「読書」は減るどころか大きく増える傾向にあるのではないか。仕事にもよるだろうが、日常生活を送るために文字を目にせずに日々を過ごすことは難しい。社会の動きを知るために新聞を読む、仕事のために連絡文書を読む、家庭に帰り行政から配布される文書を読む、子どもの学校から配布された文書を読む等々。高度情報社会といわれる現在、情報の受発信はどのような人にとっても必須となっている。そして、情報メディアは多様になったといっても、その主要な部分は文字であり、文書であることが多いのである。その文字や文書も、先にあげたような本や紙に表現されたものだけではなくなってきている。携帯電話、スマートフォン、タブレット、コンピュータといったデジタル機器上から文字や文書を読むことが多くなってきている。

「読書」を再定義する

このように考えてくると、私たち現代社会に暮らす者は「読書」のイメージを変える必要があるのではないだろうか。先にあげたAのような本を読むこと（仮に楽しみのための読書としよう）のみを「読書」とするのではなく、Bのような情報を得るために読むことも（情報を得るための読書としよう）読書とすべきなのではないか。「ありとあらゆる文書を読むことを読書という」としてみよう。イノベーションの達人、スティーブ・ジョブズの発想法にならえば「読書を再定義する」といったところだろうか。

実際、このような読書の再定義は学校教育ではすでに取り組むことが求められている。国語科の教科書を見てみよう。確かに従来型のAタイプの文書が掲載されているが、全体から見ると半分程度ではないだろうか。教科書の内容を規定している学習指導要領では、例えば小学校一・二年生の「読むこと」については次

のように書かれている。目標として
「書かれている事柄の順序や場面の様子などに気付いたり、想像を広げたりしながら読む能力を身に付けさせるとともに、楽しんで読書しようとする態度を育てる。」（小学校学習指導要領 第二章 各教科第一節国語）
とあり、そのための指導内容を次のように示している。

(1) 読むことの能力を育てるため、次の事項について指導する。

ア　語のまとまりや言葉の響きなどに気を付けて音読すること。
イ　時間的な順序や事柄の順序などを考えながら内容の大体を読むこと。
ウ　場面の様子について、登場人物の行動を中心に想像を広げながら読むこと。
エ　文章の中の大事な言葉や文を書き抜くこと。
オ　文章の内容と自分の経験とを結び付けて、自分の思いや考えをまとめ、発表し合うこと。
カ　楽しんだり知識を得たりするために、本や文章を選んで読むこと。（太字は筆者による）

と六点示されている。このうちゴシックで示した五点は情報を得るための読書にも重要な指導内容である。「音読が情報を得るための読書に必要？」と思われる向きがあるかもしれないが、明治時代の人は新聞を音読していたというエピソードは有名であるし、事実、理解しにくい文章を音読すると意が通るということもよくあることである。

加えて、これらの内容を指導するために、以下のような言語活動を位置づけるべきだとしている。

ア　本や文章を楽しんだり、想像を広げたりしながら読むこと。
イ　物語の読み聞かせを聞いたり、物語を演じたりすること。
ウ　事物の仕組みなどについて説明した本や文章を読むこと。

エ　物語や、科学的なことについて書いた本や文章を読んで、感想を書くこと。

オ　読んだ本について、好きなところを紹介すること。（太字は筆者による）

これらについても情報を得るための読書においても重要な点である。想像を広げるというと、ファンタジーを読んで、空想することを想起されるかもしれないが、見たことのない状況を知らせる文章や、概念や思想を伝える文章を読む際にも必要なことである。

このように学習指導要領では、すでに情報を得るための読書の力を育てるための事柄が多く示されている。また、これに対応して、書くことや話すこと・聞くことの指導を考えると、指導が有機的に構成できるようになってくるだろう。人は話せるようになる前に多く聞いて過ごし、書けるようになる前に、多く読んで過ごすという。豊かなインプットの体験とアウトプットは一体なのである。「読書の再定義」を行うと、これまで見過ごしてきたことが見えてくるのではないだろうか。

「読書」指導をどうするか

「読書」を再定義し、情報を得るための読書という側面を意識してこれまで行ってきたことを見直してみると、不足であったところ、重点のかけどころが異なっていたところなどが見えてくるだろう。では、一人ひとりの子どもが自立的な読書ができる主体として育つには、読書指導はどうしたらよいだろうか。

(1)　知識を得るための読書への導きとして楽しむ読書

本がひとりで読めると言うことは、書字を学び始めたばかりの子どもにとっては、かなりハードルの高い行為である。小学校の入門期に、音読の宿題が毎日のように出題され、自宅で音読を繰り返す子どもの姿は日本全国で見られる。音読することによって語のまとまりをつかみ、文がつかめるようになっていく。しかし、この音読を苦手とする子も多く、学校と家庭が力を合わせながら、子どもたちは数年がかりで音読ができるようになっていく。音読で文がつかめるようになってくると、自力で本を読めるスタートライン周辺に立てるが、それだけでは本は読めない。語彙や文法の問題がある。それを乗り越えるには、多くの本を読み聞かせてもらい「本はいいものだ」「本は楽しい」「本が自分で読めたらいいのに」と、本の魅力に気づかせ、自力で自由に読書できるようになりたいという気持ちを醸成することである。このためには、子どもの興味・関心に基づいた本を読み聞かせることが大切である。多くの子どもはお話好きである。好きなお話、好きな本から読書興味を引き出すことが大切である。いったん自力で読めるようになってしまうと、教師の手から読書指導が離れてしまう。小学校の後半から中高等学校の時期は、興味関心の幅を広げ、深く考え味わう読書へと誘うように、様々な本と出会わせるような働きかけが必要である。このような働きかけが継続的に行われ、読書の意義を実感したら、部活や受験勉強で忙しいなどといった理由で読書から離れていくはずはないのである。

(2) 個に応じた読書指導を

子どもが本に関心を持ち、自分で読書したいと思うようになるには、その子の興味関心に応じた本を読み聞かせてあげること・勧めることが有効である。そのためには、子どもの興味の対象と読書の傾向を知ることが極めて重要である。図書館活用教育先進校では、子どもの読書記録をもとに個に応じた読書指導を行っている。まずは子どもの読書実態を捉えることが必要である。小学校の上学年以降は、あまり読書指導が取にしていくためには継続的な働きかけが必要である。

り組まれていないように思う。読書における個人差を縮め、その子どもその子どもに合った読書経験を豊かにしていくためには継続的な働きかけが必要である。

(3) 多様な資料の紹介を

冒頭にも述べたように、私たちは読書というと、つい文学作品を想起してしまう。しかし、(2)のように個に応じた読書指導を志すと、文学以外についても日配りをして、子どもに勧めることができるようにすべきである。9類のみでなく幅広いジャンルの本を薦めたいものである。また、それぞれのジャンルの本に応じた読書の方法についても読者として楽しめるように指導する必要がある。勧めるジャンルによって、これまで本には手を伸ばさなかった子どもが一転して読書が好きになるというのもよく聞くことである。

このような指導は先にも述べたが単年度だけで実を結ばないことが多い。よって、学校全体による組織的な取り組みが必要である。特に中学校・高等学校は、個々への働きかけが緩やかになる時期である。当然生徒たちへの日配りは決しておろそかにはせず、働きかけが緩やかになるのは生徒の自立を促し・尊重するためにではあるのだが、読書の勧め等の働きかけはどうだろうか。特にこの学校段階では様々な専門性を持ったスタッフが関わるのだから、それぞれの専門性を活かした資料の紹介を心がけたい。ここで資料というのは、書籍だけでなく、新聞や雑誌、映像メディアやインターネットなどの電子メディアも含めてである。

大学で学生指導をするようになってきてから「本は嫌いだ」「本を読んでいない」といった学生の声をよく聞くようになった。当初はそのたびごとに落胆していたが、最近は読んでいないのであれば、読みを広げ深める楽しみがこれから広がる余地があると思うようにしている。ある学生に読書をしないのはなぜかたずねたところ「私は本を読まなくても大丈夫です」と強弁されたことがあった。その迫力に圧倒されたが、あきらめずに講義では様々な本を紹介し働きかけ続けた。そして、その学生は二年後に「本を読まないなんて信じられません」というようになり、現在は小学校の教師となって盛んに読み聞かせをしたり、読書指導に取り組んだりしているという。大学生だから、私の働きかけがというよりも、自ら重要性を感ずることがあったに違いない。だが、その学生を取り巻く環境を構成する者の一人として、働きかけ続けたことは無駄ではなかったと信じている。じっくり時間をかけて、常に相手の状況を見て働きかけることの大切さはいくつになっても変わらないのだと思う。

四章　授業で活用できる学校図書館の整備

学校図書館の五つの様相

情報リテラシーを育てる授業は、学校図書館に支えられてのことだが、学校図書館の状況は千差万別である。文部科学省の「学校図書館の現状に関する調査」（註1）によれば公立学校において、学校図書館図書標準（註2）を達成できている学校図書館は小学校で六〇・三%、中学校で五〇%で、司書教諭が発令されている学校は小学校で六六・二%、中学校で六二・八%（ただし一二学級以上の学校では小学校九八・七%中学校九八・四%である）。学校司書の配置されている学校は小学校で五四・五%、中学校で五二・八%という状況である。従前よりは良くはなっているが、半数近くの学校が厳しい状況である。公立の小中高等学校の学校図書館はかなり厳しい状況にあると言えよう。

かつて「学校図書館進化論」と題し、少し現状を批評して次のような様相があると話したことがある。（図5）をご覧いただきたい。次の五つの様相が見られるのではないか。

図５　学校図書館の様相

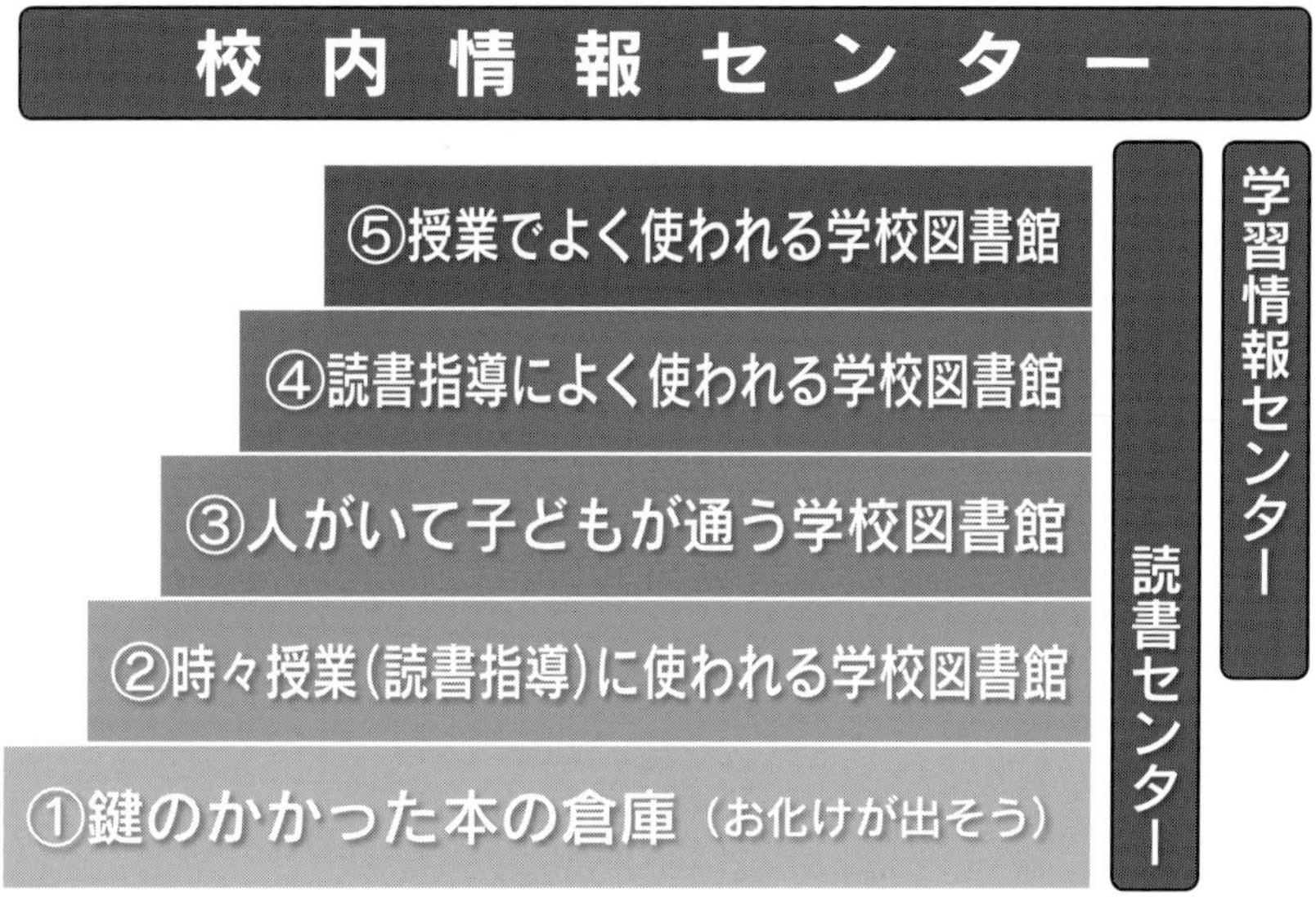

©Kazuhiro Kamata

①鍵のかかった本の倉庫（お化けが出そう）
②時々授業（読書指導）に使われる学校図書館
③人がいて子どもが通う学校図書館
④読書指導によく使われる学校図書館
⑤授業でよく使われる学校図書館

①鍵がかかった本の倉庫

①について。うそのようだが結構ある。学校図書館がどこにあるかを調べると、校舎の一番端にあるところが多い。おまけに、鍵がかかっている。安全上の配慮からということもあるだろうが。このような学校図書館は教師が引率していくのでなければ利用できない。子どもたちが「本が読みたい」と思ったときに開いていない学校図書館はどんどん寂れ、怪談に登場しそうなところになってしまうのである。

②時々授業（読書指導）に使われる学校図書館

②も鍵がかかっている場合が多いが、①よりも少しは状況がよくなる。教師が定期的に本の貸し借りをす

ることが位置づけられていることは極めて重要である。毎週学校図書館に行く時間が時間割上に設定されている学校は貴重で、そのほとんどが小学校である。文科省の全国学力調査の結果の分析によれば、一定の学力を持っている子どもは、家庭で本に触れ、読書を勧められる環境にある。格差社会化が進み、子どもの成長をめぐる環境も厳しいものになってきている。だからこそ教育の担う役割は大きいと。感覚的ではあるが②のような学校が一番多いように思う。

③〜⑤「人」のいる学校図書館

③で状況は一変する。学校図書館に、「人」が入ると学校図書館は見違えるように変わる。担当者が誰であっても「お化けの出そうな……」は嫌なものだ。子どもが通いたくなる、すてきな空間になるように工夫されていく。明るく親しみやすい空間となるだけではなく、本を手渡す人がいることの重要さを忘れてはいけない。人の力は大きいのである（註3）。

読書は小学生にとってハードルの高い知的技能である。本はながめるだけでも楽しいが、読めるようになると楽しむ世界が広がる。しかし、そのためには周囲の手助けが重要だ。図書館に通ってくる子どもたち一人ひとりのことがわかり、教師と協働できる「人」が館内にいれば、その子どもが読書の習慣を身につけるために有効な手助けをしてくれる。どんな本を読んだらよいのか迷っている子どもには、その子どもの力量に応じた興味深い本を勧めてくれることだろう。ここで劇的に学校図書館は変わる。子どものいる時間帯には常駐してくれることが望ましい。ボランティアでも学校図書館に好ましい変化をもたらしてくれるのだが、教師と協働するためには、継続性・安定性・専門性が求められ、それなりの「人」の配置が不可欠だ。この「人」の問題が解決されないと、④・⑤の段階に進化し、それが維持されることは難しい。ボランティアではなく専門職員の配置が望まれる。子どもが行きたくなる場所は教師も行きたくなる。

④の状況は子どもたちだけでなく教師も変える。教師の学校図書館を見る目も変わる。教師も読書指導をよりよいものに変えていこう、授業で活用できないだろうか、と動き出す。そして⑤の学校図書館となるわけだ。

授業で活用できる学校図書館づくりのポイント

情報リテラシーを育てる教育実践のためには、学校図書館の整備が不可欠である。しかし、整備してからでなければ実践できないわけではなく、可能なところから、整備しながら実践を進めていけばよい。特に⑤のような授業での活用も、①のような様相にある学校図書館でも実践は可能である。公共図書館から支援を受け、資料を借りてきて、教室で行うという方法も考えられるのだ（註４）。学校図書館の機能を活用していけばよいのだが、日常的に活用するためにはやはり学校図書館の整備が必要である。

授業での活用を考えた時には次の二点が重点となる。

・学習内容に対応した学校図書館コレクションの構築
・資料が探しやすい学校図書館に整備

以下それぞれについて見ていきたい。

学習内容に対応した学校図書館コレクション構築

まず、学校図書館に、教科等の授業で扱われる学習の内容に関連した資料をそろえることが重要である。限られた予算の中でのことであるから、学校の実態に応じて複数年時にわたる資料収集計画を立てていくことが必要である。学校図書館のコレクション構築を考えると、すべての分野について網羅的に資料整備したくなるだろうが、限られた予算では戦略的なコレクション構築の計画立案が必要だ。活用してくれる見込みのある分野から資料を整備し、実績をあげて学校図書館の実力を認知してもらうことを考えた方がよい。授業で使ってみようという教師がいるのであれば、その教師が実践してみようという単元に関わる資料を集めるといった判断も重要である。最終的には各教科や領域、総合的な学習の時間等の、学習内容に応じた資料をすべて集めていくことが学校図書館活用の基礎となる。一校の学校図書館単館でコレクション構築することは予算的にもスペース的にも難しいことであるから、公共図書館との連携も視野に入れておかねばならない（註5）。

資料の探しやすい学校図書館

情報リテラシーを身につけた子どものイメージを考えると、知りたいことがあったら、事柄に応じて適したメディアを選び、本などの資料であったら、自分で図書館に出かけていって資料を探せるようになった姿が想起できる。それを考えると、学校図書館では、子どもが自分で資料が探せるように、資料を探しやすい図書館に整備されていることが重要だ。資料の分類はＮＤＣを基本にする。子どもたちが成長し、学校図書館以外の公共図書館等を利用することも視野に入れると、日本のほとんどの図書館で採用されている標準の分類法に慣れていることが重要だ。一部の学校図書館では教科分類などで書架分類をしているところがあるが問題である。絵本や紙芝居など、読書指導に有効な学校ならではの資料は独自の工夫があってもよいだろうが、基本はNDCである。書架の配列も重要だ。資料の数量や大きさなどを優先して、2類の隣に5類が来るといった不規則な配列になっている学校を見ることがある。小学校では特に子どもたちが探しやすいようにNDCの順を基本に棚を考えるべきである。

どの棚にどのような資料があるのかがわかりやすいように館内案内図を作り、サインや棚見出しをつけることも重要だ（註6）。また、書架の工夫だけではなく目録も整備しなければならない。目録はカード目録の時代から電子化されOPACの時代に入っているとは思うが、それぞれの可能なところで目録づくりに取り組みたい。図書館ではかつて著者名・書名・件名（資料の主題を表すキーワード）・分類（NDC）の四種類の目録があった。そのすべてを整備することは難しいかもしれないが、授業で資料を探すことを考えると目録がないのはつらい。ただ、目録が整備されている小中学校の学校図書館はまだ少ないのも事実である。目録が電子化されているところでは、利用者用の端末を複数設置すること。できれば校内LANのどこからでも検索できるようにしておくとよい。だが、学校図書館のICT化、目録の電子化もまだまだ少数で厳しい状況である。何事も電子化の時代であるが、私はカード目録が今でも重要だと思っている。カードボックスはメンテナンスが大変だからと二の足を踏まれるだろうが、カードをめくる感覚が重要なのだ。書架では貸し出し中の資料の存在は意識しづらいが、目録にはすべての資料のカードがある。これをめくりながら、関連する情報がほかにもあるだろうという感覚を持ったり、自分が探そうと思っていたことについて、類似した情報があることを実感したりすることができる（件名や分類目録の場合）。この感覚が電子目録を検索するための基礎になるのだ。また、教科の単元ごとに作成した冊子目録（註7）も有効である。

整備には人の力を借りる

これらの整備をしていく際には、棚を動かしたり、本を入れ替えたりと力仕事や人手があると助かる仕事が数多くある。忙しい同僚たちに迷惑をかけまいと、黙々と担当だけでやっていくことが多いようであるが、ここは全校に相談して、皆の力を借りることが重要だ。環境整備をきっかけに、学校図書館に関心を持ってもらい、関わりを深めるのである。忙しい日常では、なかなか学校図書館のことは話題にならないかもしれないが、学校図書館整備をしながら、コミュニケーションの機会が持てる。また、自分たちが汗を流し、整備したものは使ってみたいという思いを持つものだ。事実、このような取り組みをした方々から、整備後、今まで学校図書館に関心を持っていなかった先生が学校図書館に来てくれたとか、相談を持ちかけてくれた等という声を聞いている（註8）。この取り組みを行うために、教務や管理職と対話する機会も増えるであろう。学校図書館の意義や機能を理解してもらう契機ともなる。得るところが多い取り組みである。ぜひ挑戦してほしい。

註1　文部科学省　平成二六年度「学校図書館の現状に関する調査」（二〇一四年五月）。なお、この調査は近年隔年で行われている。（http://www.mext.go.jp/a_menu/shotou/dokusho/link/__icsFiles/afieldfile/2015/12/09/1358454_01.pdf）

註2　学校図書館図書標準とは公立の義務教育諸学校において、学校図書館の図書の整備を図る際の目標として蔵書冊数の標準を設定したもので、現在使われているものは一九九三年三月に文部科学省によって示されている。この目標冊数は、学校種・学級数・児童生徒数の三つの数値によって算出され、例えば一二学級で児童数四八〇人の小学校の場合は五〇八〇＋四八〇×（一二−六）＝七九六〇（冊）、一二学級で生徒数四八〇人の中学校の場合は七三六〇＋五六〇×（一二−六）＝一〇七二〇（冊）である。かつての学校図書館図書標準には、ＮＤＣの類ごとの比率なども示されていたが、現在は冊数の標準のみで示されている。なお、盲・聾《ろう》・養護学校（現在は特別支援学校）の小学部・中学部についても規定があるが、義務教育のみの標準であって、高等学校についての規定はない。（http://www.mext.go.jp/a_menu/shotou/dokusho/link/080617/007.pdf）

註3　吉岡裕子『協働する学校図書館〈小学校編〉子どもに寄り添う12か月』（少年写真新聞社、二〇一〇年）

註4　国立国会図書館国際子ども図書館『図書館による授業支援サービスの可能性：小中学校社会科での3つの実践研究』（http://www.kodomo.go.jp/info/series/index.html）

註5　拙著『先生と司書が選んだ　調べるための本―小学校社会科で活用できる学校図書館コレクション』（少年写真新聞社、二〇〇八年）。理科では『りかぼん　授業で使える理科の本』（少年写真新聞社、二〇一二年）が出版された。中学校の総合的な学習の時間については、片岡則夫『なんでも学べる学校図書館』をつくる　ブックカタログ&データ集～中学生1300人の探究学習から～』（少年写真新聞社、二〇一三年）。

註6　サインについてはSLiiiCのウエブサイトのサイン表示ライブラリが参考になる。（http://www.sliiic.org/）サイトトップからサイト内検索で「サイン表示ライブラリ」で検索。

註7　山形県鶴岡市立朝暘第一小学校では「学習に役立つ本　国語」といったように、各教科ごとに単元別参考図書目録を作成している。作成されているのは、国語、社会、理科、生活科、総合的な学習の時間等である。山形県鶴岡市立朝暘第一小学校『こうすれば子どもが育つ学校が変わる学校図書館活用教育ハンドブック』（国土社、二〇〇三年）。同小学校には次の二著がある。『みつけるつかむつたえあう　図書館を活用した授業の創造　学校図書館ハンドブックⅡ』（国土社、二〇〇六年）。『図書館へ行こう！　図書館クイズ　オリエンテーション・図書委員会資料付知識と情報の宝庫＝図書館活用術』（国土社、二〇〇七年）。

註8　五十嵐絹子『学校図書館ビフォー・アフター物語』（国土社、二〇〇九年）。同書は学校図書館の改造の取り組み方法について示唆が多い。

五章　校内組織の再構築

情報リテラシー教育を支える学校は ～図書館活用を支える学校組織・体制～

皆さんの学校には学校図書館の担当者はいるだろうか。誰であるか、はっきりと名前が言えるだろうか。また、その方は学校の組織上、どのような立場なのだろうか。

まず考えられるのは司書教諭だ。学校図書館法で、学校には司書教諭を置かねばならないことになっており、現在は学級数が一二を越える学校では、必ず司書教諭を発令しなければならない。平成二六年度の文部科学省の調査（註1）では九八・四％の国公私立小学校で司書教諭が発令されている。ただ、日本の小学校のうち、約四六％の学校が一二学級未満の学校だ。そこでの発令割合が二四％程度だから、ならすと六六％程度になる。また、発令されている学校で学校図書館に関する職務に専念するための専念時間を設定している学校は七％程度（一二学級以上の学校の場合）で、その専念時間も週に一時間に満たないという状況である。司書教諭が発令されていても、学級担任等との兼任であることがほとんどだから、学校図書館の整備や授業支援等のために十分な時間を割くことは困難であろう。

次に考えられるのが、校務分掌での学校図書館関係の担当者だ。図書主任という名称で一人のみ位置づけられていたり、図書館部といった分掌組織が設けられていて、複数の担当者が配置されていたりするだろう。校務分掌は、校長が学校運営上必要だと考えている職務を、教職員に分担させて取り組ませている組織だから、学校運営を担当する管理職の考えによって組織される。教務や生活指導等、どこの学校でも見られる定番の校務分掌があるが、学校図書館はどうかというと、必ずしも定番というわけではないようだ。日本の小学校では一二学級以下の規模の学校が半数近くあるといったが、学校規模の大小にかかわらず、学校運営上で必要な仕事の種類は変わらない。学校規模が小さいということは、その分、教職員数も少なくなるので、複数の校務分掌を兼任で担当しなければならなくなる。そうなると一つの仕事に割ける時間はおのずと減る。学校図書館に関わる校務分掌は、学校運営を担う管理職の考え方によって大きく変わってくるわけだが、まずは学校図書館のために働ける人がいることが重要だ。

担当者・分掌のネットワーク

担当者・担当分掌があるだけでは学校図書館は有効に活用することは難しい。学校図書館の機能を教育活動に位置づけるためには、その他の校務分掌組織と連携した活動が必要だ。教科等の授業での活用を考えるために教育課程に位置づけることが必要であると述べてきたが、そのためには教育課程の編成に関わる教務との連携が必要になる。各教科の担当や学年ごとの担当者を置かれているところもあるだろう。そういった担当者と連携していかないと、具体的に学校図書館を授業で活用することは難しい。

読書指導などは、読書週間などの学校行事と連携されて進められることも多いと思われる。そうなってく

図６　学校図書館をめぐる協働

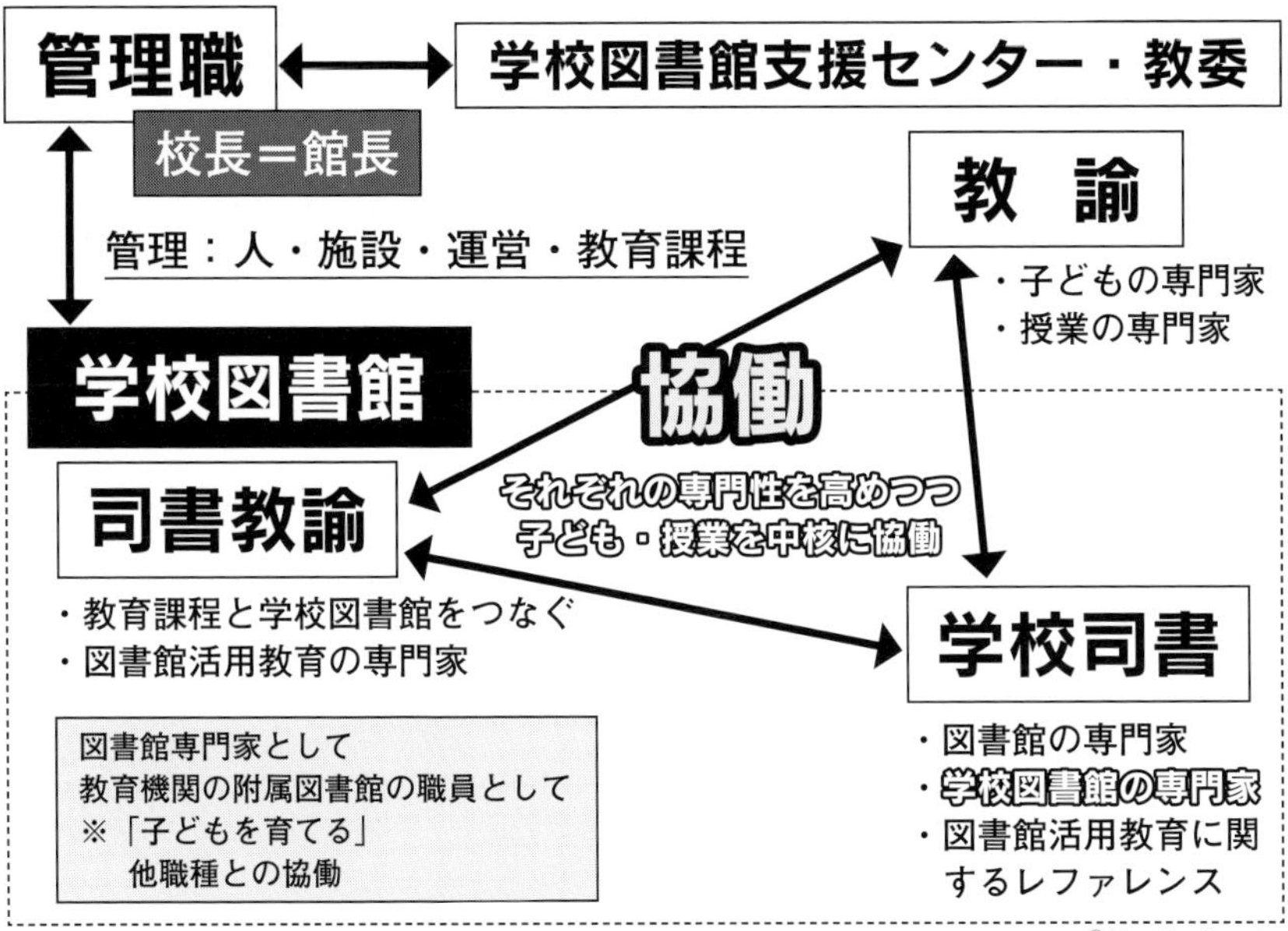

©Kazuhiro Kamata

ると、特活領域の担当部署との連携も重要だ。道徳に関しても同様である。

また図書館活用教育は、まだよく知られていない教育である。教師養成の過程で学ぶことはまれであるし、現職に就いてからの研修機会も少ないようだ。そこで校内研究・研修の機会を設けることが必要となる。

先進校では図書館活用特別委員会等の横断的な組織を設け、各分掌の担当者が定期的に集まり連絡・調整を行うなど、工夫して運営に取り組まれているところもある。また、学校図書館を中心に校務分掌を再構築しているところもある。学校ごとに事情が様々だから、一律にこうすればよいとは言い難いのだが。要は学校図書館を担当する分掌が関連する諸分掌と連携しながら活動していけるようにする工夫が必要なことはまちがいないだろう。また、先進校では担当者だけでなく管理職もそれらの組織のメンバーとなり、そのような連絡・調整の場に出席し、学校としての意思決定が行いやすくする工夫もされている。学校図書館の館長は誰かとの問いに、我々は答えられるだろうか。答えは校長である。であれば当然管理職が関わる会議となる(註2)。

行政・校長の理解が重要

私は学級数一八学級、児童数約七〇〇人、教員（常勤）二三人の小学校に勤務していたことがあるが、その学校の学校図書館関係の校務分掌は司書教諭、分掌の責任者、担当教員二名の計四名だった。学校規模に比して多人数であったと思うが、学校図書館と情報教育の双方を担当する分掌だった。非常勤職員が二名(学校司書・コンピュータ教室担当者が各一名)いたので、かなり恵まれていたと思う。このような分掌が成立した背景には、校長・副校長といった管理職が、学校図書館の重要性を十分に認識していたことによる。学校図書館が有効に機能するためには人の問題が重要である。常勤・非常勤を問わず、人的資源を学校図書館に投入するかどうかを決定できるのは学校運営の責任者である。だから学校では校長・副校長・教頭に学校図書館の重要性を理解してもらうことが、まず一番に重要だ。日本では管理職研修の内容に学校図書館活用を加える地域も出てきた。学校図書館の重要性を認知し、展開を考えるスタッフは管理職の理解が深まるように働きかけることが大切だ。

学校図書館の活用先進校として知られている山形県鶴岡市立朝暘第一小学校の実践が本格化したのも校長の役割が重要だった。図書館活用教育の芽を育ててきた学校司書の五十嵐絹子氏や同志の数人の教員の実践を竹屋哲弘校長が「図書館活用教育を学校経営の中核に位置づける」とされたところから、現在まで続く学校をあげての組織的な図書館活用教育の実践が展開してきた(註3)。

また、学校を支援する教育委員会の役割も重要だ。近年、最前線の学校現場に与えられる権限は増えてきたが、人に関わること、予算に関わること、施設・設備に関わることのほとんどは教育委員会の理解と支援なしには進まない。学校長の理解と努力だけでは乗り越えられないところは教育行政を動かしていかねばならないのだ。この点の好事例が旧島根県八束郡東出雲町（現松江市）の事例である。同町は町長、教育長、教育委員会が一丸となって図書館活用教育に取り組み、三小学校・一中学校の四校で図書館活用教育が実践されるよう、組織的な支援を展開した（註４）。

また、福島県双葉郡大熊町の実践も注目したい。同町は読書指導から着手し、町をあげて図書館活用教育に取り組もうとしていた矢先に、二〇一一年の東日本大震災・福島原発事故に遭った。武内敏英教育長のリーダーシップのもと、現在会津若松で教育活動を続けているが、読書指導、図書館活用教育の実践を続け、子どもたちは情報リテラシーを身につけ探究の力を高め、それはコンクール等の応募作品からも見て取れる（註５）。

学校図書館の活用にあたっては、担当者を位置づけ、関連校務分掌との連携を図り、管理職等の理解を得ることが重要だ。ただ、そういった体制が整っていなければできないということではない。先駆的実践もはじめは数人から始まっている。できることは必ずある。

註１　前掲、平成26年度「学校図書館の現状に関する調査」
註２　神代浩・中山美由紀編著『学校図書館の挑戦と可能性―困ったときには図書館へ２』（悠光堂、二〇一五年）、二二ページ。
註３　前掲、山形県鶴岡市立朝暘第一小学校の著作を参照されたい。
註４　前掲、原田由紀子『東出雲発！学校図書館改革の軌跡―身近な図書館から図書館活用教育へ―』
註５　武内敏英著・福島県大熊町教育委員会編『大熊町学校再生への挑戦　原発事故・全町避難　学び合う教育がつなぐ人と地域』（かもがわ出版、二〇一二年）

第二部

情報リテラシーを育てる授業づくりのポイント

一章　利用指導から情報リテラシーの指導へ

第二部では情報リテラシーを育てる授業づくりについて述べていく。指導の前提として、授業で活用する際の利用指導について触れておきたい。

利用指導から情報リテラシーの指導へ

学校図書館が活用できるようになるためには、その使い方を知らなければならない。学校図書館の活用に熱心でない学校でも、年に一時間ぐらいは図書館の利用方法や利用上の注意などについて説明する時間を設けることがあるのではないか。狭義での利用指導、図書館教育と呼ばれているものである。そういった時間をきっかけに、子どもが学校図書館を使いこなせるように支援していきたいものである。

図書館の利用指導は戦後アメリカから学校図書館の新しい概念が導入されて以来発展し、単なる学校図書館施設・設備のガイダンスから情報リテラシー教育へと発展を続けているが、実際の学校現場では十分な時間を取って行われていないところが多いようだ。利用指導で指導されることは、以下の七点であろう。

①学校図書館の案内

②学校図書館利用のマナー
③各種資料の取り扱いと学校図書館の利用法
④分類と資料の配置
⑤参考図書の利用法
⑥目録の利用法
⑦学校図書館を活用した情報リテラシーの指導

①はそもそも学校図書館とはどのようなものか（目的・機能等）、どんな資料を備えているのかといった学校図書館の概略を知らせるものである。

②は③とも関わるが公共の場としての学校図書館の利用方法についてである。学校図書館は本を読んだり調べたりする場であるから、大声を出したり、走り回ったりしないといったことや、みんなで利用する本だから、手を洗ってから本を読もう、本を大切にしようといったことなど、利用上のルールやマナーに関することである。

③は具体的な図書資料等の扱い方や閲覧・貸し出し・返却の手続き等の利用法についてである。

④は学校図書館の資料は探しやすいようにＮＤＣによって分類されていること、資料が館内のどこに置かれているかについてで、①～④までの内容は毎年学校図書館を利用する一時間目の時などにガイダンスやオリエンテーションなどと呼ばれて行われていることであろう。分類についての指導は、丁寧に行われている学校と、そこまでに至っていない学校の差はあるようだ。

⑤～⑦は各校の実態によって実施されているところ、実施されていないところがあるのではないか。①～④がある意味において学校図書館の「取扱説明書（基礎編）」にあたるが、⑤以降は応用編にあたるところだ。

学校図書館を使って何ができるかについてで、ここがうまく展開できると、読み物を借りに行く学校図書館から、問題解決を支援してくれる学校図書館にかわる。

⑤は、辞典・事典、年鑑といった参考図書の利用についてである。疑問を解決するためには、まずは参考図書を調べる習慣をもたせたいものだ。辞典・事典の基本情報から始まって、見方・考え方が様々である一般図書へと探索を広げていく。小学校では中学年で国語辞典、漢字辞典の利用が指導される。学習指導要領に示されている事項なので、どの国語教科書にも位置づけられている単元だ。その単元の学習指導と学校図書館はぜひとも連携したい。そして、その後も百科事典や地図、年鑑、年表、人名事典等の指導の関与へと発展させていけるとよいだろう。中高等学校においても、参考図書は重要である。基本となる辞典・事典類はもとより、統計、白書の使い方も位置づけたいところである。近年統計や白書の類はインターネットで公開されている。コンピュータやネットワークの利用方法とも関連づける必要があるだろう。

⑥は、学校の環境にもよるのだが、ぜひとも指導したいものだ。それぞれ学校に備えられた目録を活用し、自分の求める資料を探せるようにする指導である。先にも触れたが、学校図書館の目録の整備状況はあまりよいとはいえない。各学校の事情に応じて行いたい。電子化された目録であるＯＰＡＣ（Online Public Access Catalog）があるところは、端末を利用して、そのＯＰＡＣが持っている検索機能を紹介しながら、資料の探し方を指導したい。カード目録があるところは、カード目録を利用して、全く目録がないところは、特定主題の冊子目録を作成して、その利用の演習をしてもよいだろう。

⑦については各教科・領域・時間の授業と連携して行うことが多いと思われるが、探した資料から、求める情報を読み取り、記録し、それらを編集して新たな考えを生み出していくレポート作成や、プレゼンテーションの構成といった図３（一四ページの情報リテラシー概念図）で示した探究のプロセスに関わる指導の中で、特定

表１「図書館利用指導用提示ソフト まかせて！ 学校図書館」の構成

	小学校低学年	小学校高学年	中学校
第一巻	1.としょかんってどんなところ？	1.図書館ってどんなところ？	1.学校図書館のきまり
	2.としょかんのきまり	2.図書館のきまり	2.学校図書館の資料
	3.本をたいせつに	3.本を大切に	3.学校図書館の仕事
	4.近くのとしょかんへ	4.近くの図書館へ	4.公共図書館の活用
	5.本のばしょをおぼえよう	5.分類って何？	5.図書の分類とは
	6.よく読む本はどこにある？	6.目次の使い方	6.目次と索引を使おう
	7.もくじってなに？	7.索引の使い方	7.図書を検索しよう
	8.さくいんってなに？	8.キーワードって何？	8.インターネットで検索しよう
第二巻	1.えほん・おはなしの本	1.国語辞典を使おう	1.テーマに適した資料を選ぼう
	2.ちしき・かがくの本	2.百科事典を使おう	2.情報源の特性
	3.ずかん・じてんをつかおう	3.統計資料を使おう	3.調べるための図書資料
	4.よく読む本はどこにある？ パート2	4.インターネット上の情報	4.インターネット上の情報源
	5.知りたいことはなに？	5.課題をみつけよう	5.引用と情報源
	6.しらべたことをメモしよう	6.情報を集めよう	6.情報の整理と分析
	7.しらべたことをまとめよう	7.情報を整理しよう	7.レポートと著作権
	8.しらべたことをつたえよう	8.調べたことを伝えよう	8.レポートの作成

のスキルを取り出して行われることが多い。

この利用指導を、授業時間をあまり割かぬよう、子どもたちが遊び感覚で取り組める工夫をしている学校がある。山形県鶴岡市立朝暘第一小学校である（註１）。同校では「図書館クイズ」というワークシートを作成し、毎年クイズを解きながら、利用指導として指導したいことを集約して取り組ませている。

これらの指導は年度の初めに実施するだけではなく、適宜繰り返し行っていくことが重要だ。

この利用指導をサポートするコンピュータの提示型ソフトウエアがある（註２）。内容の一覧を（表１）に示した。図書館に大型ディスプレイやプロジェクターがあれば、このようなソフトを活用するのもよいだろう。

註１　前掲、朝暘第一小学校『図書館へ行こう！ 図書館クイズ　オリエンテーション・図書委員会資料付　知識と情報の宝庫＝図書館活用術』（国土社、二〇〇七年）またこれには続編がある。五十嵐絹子『図書館へ行こう！図書館クイズⅡ　魅力的な図書委員会の活動・図書館行事のアイデア集』（国土社、二〇一一年）

註２　同ソフトウエアは二〇一一年〜二〇一五年に発売された、河西由美子氏（図書館情報学）と堀田龍也（教育工学）監修による、図書館利

用指導用の提示ソフト。多くの学校図書館関係者が制作に協力し、スズキ教育ソフトが制作・販売している。ＷｉｎｄｏｗｓをＯＳとするＰＣで動作する。各巻八つのストーリーで構成されており、ストーリーに沿って提示画面を提示し、読み上げ原稿を読みプレゼンテーションを進めていけば、利用指導に慣れていない者でも一通りの必要な指導ができるようになっている。また、各学校の事情に合わせてストーリーを加除編集することもできる。ただし、ＣＤ・ＤＶＤ等の光学ドライブがないと利用できない。

二章　授業で利用できる学校図書館機能とは何か

そもそも「学校図書館」とは何か

教科等の授業での学校図書館活用を考える際に、そもそも学校図書館とはどのような意義と機能を持った機関なのかを確認しておく必要がある。学校図書館について規定した法や宣言・憲章等から学校図書館の意義や目的、基本的な機能を整理して、そこから教科等の授業で活用する際のポイントを考えてみたい。

学校図書館法では

学校図書館法（巻末資料５参照）では、極めてシンプルに学校図書館について定義している。学校図書館は「学校教育に欠くことのできない基礎的な設備」であるとし「教育課程の展開に寄与」することと「児童生徒の健全な教養を育成」することが目的とされている。「教育課程」とは、意図的計画である学校の教育活動の全体計画であるから、学校の教育活動全般に寄与することが求められている。

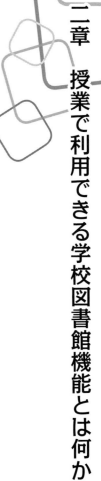

　また、その機能は「図書資料を収集し、児童又は生徒及び教員の利用に供すること」であるとしている。引用した部分では「図書資料」とあるが、第二条にこれに加え視覚聴覚の資料、その他学校教育に必要な資料とあり、制定の一九五三年という時代的制約はあるのだが、現代の学校図書館メディアにも十分対応しうるものとなっている。資料の収集と提供が主要な機能とされ、そのために資料は組織化することが求められている（第四条に分類配列を適切にし、目録を整備するとある）。また、学校図書館には教育的な機能も求められており、学校図書館の利用法について指導することと、読書会、研究会、鑑賞会、映写会、資料展示会等を行うことや、他校の学校図書館、図書館、博物館、公民館等の社会教育諸施設との連携も求められている。

　これらの機能を果たすために、学校図書館の「専門的職務を掌《つかさど》る」ものとして司書教諭の配置を（十二学級以上の学校では必置）、そして、「専ら学校図書館の専門的職務に従事する」ものとして学校司書の配置の努力義務が位置づけられている。

ユネスコ「学校図書館宣言」では

　ユネスコ学校図書館宣言（註1　巻末資料3参照）では、学校図書館の使命（目的）を「学校構成員全員が情報を批判的にとらえ、効果的に利用できるように、学習のためのサービス、図書、情報資源を提供する」としている。この目的を達成するために「小説からドキュメンタリーまで、印刷資料から電子資料まで、あるいはその場でも遠くからでも、幅広い範囲の図書やその他の情報源を利用することを支援」する機能を有し、このような資料支援機能は「教科書や教材、教育方法を補完し、より充実させる」としている。

　より具体的には、学校の教育目標や教育課程実現の支援を第一とし、読書を奨励し、読書の楽しみを伝え、読書の習慣化を支援し、文化的社会的な関心を喚起し、情報の活用と評価の技能を学び・練習する支援を行い、広く情報を入手し、様々なアイデアや経験、見解に接して学習する機会を提供するとしている。

これらによって、知的自由の理念をうたい、情報の入手が民主主義を具現化し責任ある市民として不可欠であるともしている。

全国学校図書館協議会「学校図書館憲章」では

全国学校図書館協議会の「学校図書館憲章」(註2)では、学校図書館の理念(目的)を「資料の収集・整理・保存・提供などの活動をとおし、学校教育の充実と発展および文化の継承と創造に努め」、児童生徒に「生涯にわたる自学能力」を育み「学ぶ権利・知る権利を保障」し「教育の改革に寄与」することだとしている。

そのために学校図書館は多様な資料と親しみやすい環境を整えることによって「児童生徒の意欲的な利用」を促し、読書教育を推進することで豊かな人間性を培い、「図書館および資料・情報の利用法を指導し、主体的に学習する能力を育成する」機能を有するとしている。

また「適切な資料・情報を提供し、学習の充実を図る」機能や「教育に必要な資料・情報を提供し、教職員の教育活動を援助する」機能も有しているとしている。

授業での活用の際に注目すべき学校図書館の機能は

以上見てきたことから、学校図書館が授業構成に影響を与える機能として以下の四つがあげられるのでは

図7　授業構成に関係する学校図書館の機能

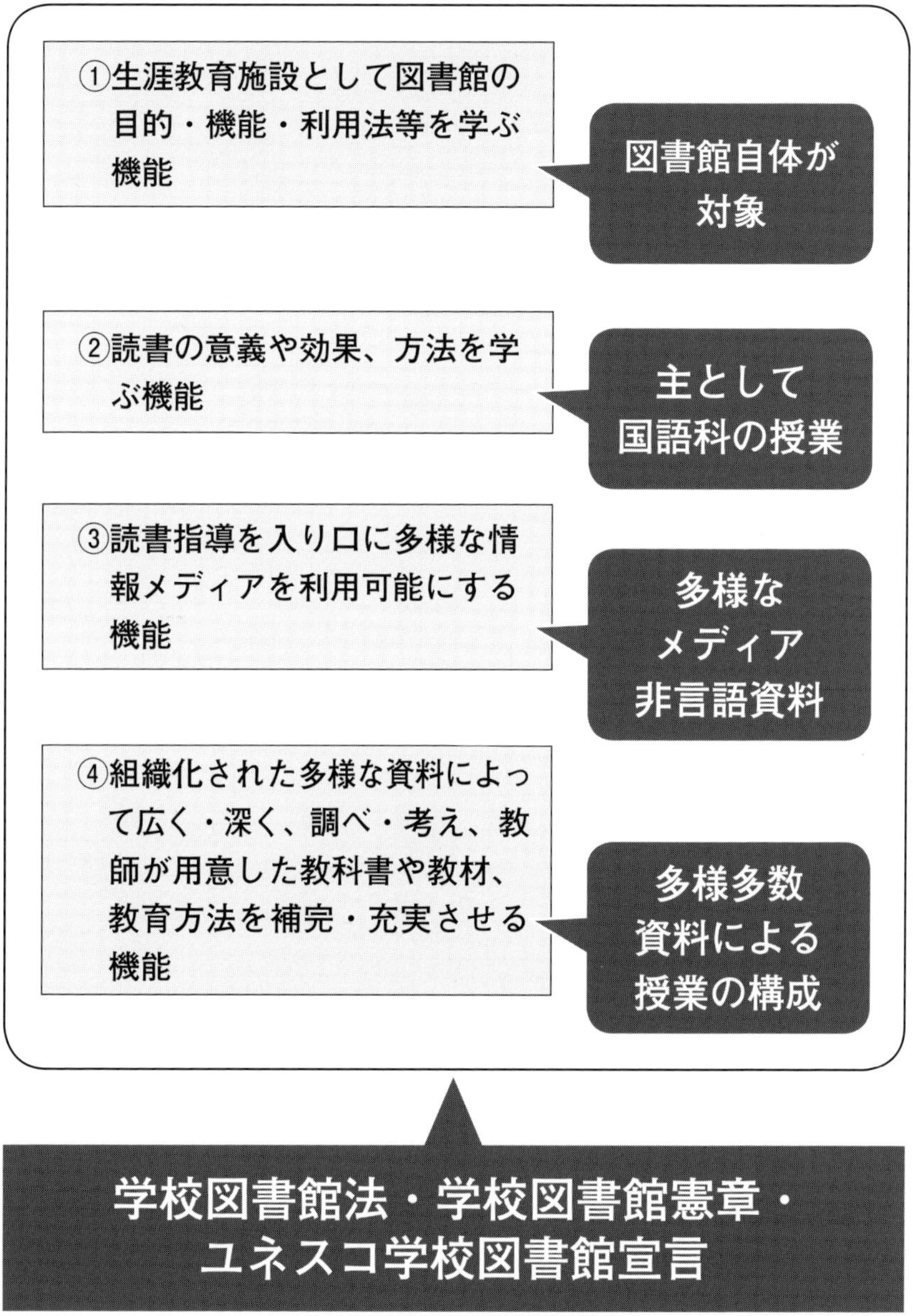
①生涯教育施設として図書館の目的・機能・利用法等を学ぶ機能
図書館自体が対象
②読書の意義や効果、方法を学ぶ機能
主として国語科の授業
③読書指導を入り口に多様な情報メディアを利用可能にする機能
多様なメディア非言語資料
④組織化された多様な資料によって広く・深く、調べ・考え、教師が用意した教科書や教材、教育方法を補完・充実させる機能
多様多数資料による授業の構成
学校図書館法・学校図書館憲章・ユネスコ学校図書館宣言

Ⓒ Kazuhiro Kamata

ないだろうか（図7）。

①生涯教育施設として図書館の目的・機能・利用法等を学ぶ機能
②読書の意義や効果、方法を学ぶ機能
③読書指導を入り口に多様な情報メディアを利用可能にする機能
④組織化された多様な資料によって広く・深く、調べ・考え、教師が用意した教科書や教材、教育方法を補完・充実させる機能

①は図書館自体を学習対象にする。小学校では国語科・生活科・社会科・総合的な学習の時間等、中学校では社会科、総合的な学習の時間等で対象となるだろう。

②は主として国語科の授業で扱われる。文字情報をどう読むかということになる。ただ、他教科等でも、文章から情報を収集するために効果的な読み方を学ぶことは必要である。

③は文字情報を読み取る方法をひな形に、文字情報以外の多様な情報メディアについてその特性を把握し読む方法を学ぶ機能である。各教科等では、表やグラフ、写真や動画といった様々なメディアから情報を収集する機会が多い。それらの多様なメディアを豊富に備えているのが学校図書館である。

④は②や③で培った様々なメディアから情報を読み取ることを活かして、探究活動を展開する。教師が用意した教科書や資料以外の多様なメディアを自ら探し、読み取り、そこから考えることで、自立的な学習者として必要な資質・能力を身につけることができる。

授業づくりに関わる学校図書館の機能について整理したが、これは具体的な授業でどのように活用されるだろうか。

註1　長倉美恵子・堀川照代訳「ユネスコ学校図書館宣言　すべての者の教育と学習のための学校図書館（含解説）」（『図書館雑誌』94（3）、二〇〇〇年）
原文は英文であり、引用の日本語はこれによっている。
註2　全国学校図書館協議会「学校図書館憲章」（一九九一年五月）、（http://www.j-sla.or.jp/material/sla/post-33.html）

三章　授業づくりの基本は何か

学校図書館活用で行う学習活動

単元や一時間の展開に即しての学校図書館の活用を考える前に、先に整理した四つの機能に関連させて、学校図書館を活用する学習活動について整理を試みたい。まずは、学校図書館で行われている学習活動にはどのようなものがあるのか整理してみたいのだが、どのような整理が可能だろうか。学校図書館を活用した学習活動は、極めて多種多様であり、近年取り組む学校が増えてきており、分類が難しいのだが、その学習活動が目標とするところに着目して二つに分類した。

⑴　読書活動
⑵　探究活動

である。⑴の読書活動は、子どもの読書の習慣化を目指して行われる諸学習活動で、⑵は教科等の授業の目標をよりよく達成するために行われる調べる活動を位置づけた諸学習活動である。この二つの活動とそれを構成するスキルの指導を、一時間や単元の展開の構成に位置づけて授業づくりを考えていけばよい。

(1) 子どもの読書の習慣化を目指して行われる読書活動

長らく学校図書館は読書センターとしての機能を中心に展開してきた。その中で、主として行われてきたのは子どもの読書の習慣を形成するための活動で、開発されてきた様々な読書活動がある（図8）。学校図書館を活用した授業実践は主としてこの分野を豊かにしてきたといってもよいだろう。これらの活動は、読書の習慣化をねらい、そのために読書対象を広げ、また、読みを深め、それまで以上に本を手に取り、より一層読書に取り組むことをねらって行われていく諸活動である。

あまりにも活動種が多いので、ねらいをもとに分類を試みた。

①本の内容を紹介することを主目的とした活動
②作品をつくることを通して、読みを広げ・深める活動
③本を媒介としたコミュニケーションにより、読みを広げ・深める活動

①本の内容を紹介することを主目的とした活動

ここに分類したのは、素話（ストーリーテリング）、読み聞かせ、ブックトーク、並行読書といった活動である。これらの活動は指導者等が物語それ自体を紹介することによって読書に誘う素話や読み聞かせを主とするが、それぞれ紹介の度合いが異なる。

素話や読み聞かせは、自力で読むことがまだ苦手な子どもに（もちろん自力で読めるようになっていたとしても！）、本の内容自体の面白さ・興味深さを直接届け、読書への意欲を高める活動である。最もシンプ

図８　様々な読書活動

© Kazuhiro Kamata

ルであるが、極めて効果的な活動である。授業との関連抜きでも、学校図書館スタッフや教師一人でも行いうる活動でもある。

これらの関連活動として、ブックトークのように本を紹介することによって子どもの読書興味を高め、対象を広げ、読書に誘う活動もある。ただし、ブックトークは子どもがブックトークを行う活動も実践されており、そうなってくるとのちに示す③のねらいを持つことにもなる。

近年注目され、よく実践されるようになってきているのは並行読書である。並行読書と書かれることもあるが、主として国語科の授業で学習内容に関連するテーマの本を多種・多量に用意し、単元の主展開と並行して子どもに読書を勧め、読ませる活動である。この活動は単元の主内容の理解を深める効果もある。アーノルド・ローベルの「お手紙」という物語が国語教科書に収録されているある地域の学校での実践で、並行読書としてお手紙の登場人物のがまくんとかえるくんの登場する「ふたりは……」シリーズ全四冊を並行読書で子どもに読むように勧めたところ、教材文の読みが深まり授業での子どもたちの思考が深まったという報告がある（註1）。

同じ作者の作品を勧める場合のほかにも、関連テーマの本を集め勧める場合もある。単元展開自体はこれまでと同じで変更せず、授業外で行うことも可能であり、取り組みやすく効果の高い活動である。

②作品をつくることを通して、読みを広げ・深める活動

様々な構成活動を行うことによって、主として学習対象とする作品の読みを深めるもので、読書感想文、読書感想画、読書郵便、物語のポスターづくり、本の帯づくり、ポップづくり、ブックナビづくり、キャラクタープロフィールづくり等々、実に様々な活動がある。授業者の創意工夫によって日々バリエーションが

増えている活動である。これらに共通するのは作品をつくるという構成活動に取り組むことによって、対象とする作品を再読し、読みを深める効果があることであり、作品の性質によって深め方や表現が異なってくる。

例えば、最も親しまれ―ただ苦手意識も持たれている―読書感想文は、一度読んだ作品の感想を述べる文章を書くために、その作品の概略や、読者が感じた良さを再発見・言語化して構成し、表現する活動である。比較的文章量が確保されているので、学習者はゆったりと表現できる。また、対象とする作品を限定する場合と、自由に選択する場合があり、それによってもたらされる効果も異なってくる。また、感想文を書くために読書を強いるという意味では①の機能も有するだろう（強いることがマイナスの効果となる場合もあるのだが）。これと本の帯づくりを比較すると、作品の性質によって深め方や表現が異なるということがおわかりいただけるのではないだろうか。書店で見かける本には、本に帯が巻かれ、売られているものがある。来店者に本を手にとってもらい、買ってもらうために本の魅力を端的に伝えることが帯の持つ目的・機能である。この帯をつくるためには読書感想文と同様、再読し、その作品の良さを再発見・言語化していくのだが、最後に表現する場が帯という極めて限られた場になる。帯は一見して来店者に主張が伝わらねばならないから、極めてコンパクトに、そしてインパクトのある表現が求められることになる。

これらの活動のポイントは、作品という可視化されたゴールが明示されているから見通しを持ちやすく、子どもが意欲を持って行う活動に取り組むことによって、作品の再読と表現を視野に入れた読みの深まりがもたらされることにある。ただし単元の中に位置づけ、一定の時間を確保し、実践することが必要である。

本を媒介としたコミュニケーションにより読みを広げ・深める活動

この活動は、作品を媒介としたプレゼンテーションや話し合いなどのコミュニケーション活動を行うことによって読みを深める活動で、アニマシオン（註2）やビブリオバトル（註3）、ブッククラブ（註4）、リテラチャーサークル（註5）、リーディング・ワークショップ（註6）といった活動がある。

これらの活動は①や②の機能も併せ持つものが多く、分類することが困難であるが、コミュニケーション活動に学習活動の山場があるととらえているのでこのように分類してみた。

例えば近年中学校・高等学校・大学等で盛んに実践されるようになってきたビブリオバトルは、選択した作品の魅力をプレゼンテーションする活動で、プレゼンテーションを考え、つくる過程で作品が再読され、読みが深まり、プレゼンテーションを通じて聞き手は新たな読書の意欲をかき立てられ、読みの広がりも期待される。ブッククラブ、リテラチャーサークル、リーディング・ワークショップ等は組織だって行われる、活動のフォーマットのある読書会といってもよいだろう。同じ作品を読んだ他者の読みと自分の読みを交流することによって読みが深まり、読書の技能や思考の深まり・高まりが期待される。交流自体の楽しさから、もっと読んでみたいという意欲の高まりも期待できるだろう。

これらの読書活動は、学校図書館を活用する最もポピュラーな活動といってよいだろう。基本的には「読書に始まり諸活動を通じてまたさらなる読書へと向かう」ことを期待した活動である。国語科や特活で扱われることが多く、特に中高では国語科の教師以外には関係ないことだと思われているようである。しかし、読むことはあらゆる学びの基礎になることを強調しておきたい。すべての教師に関わることなのだ。

図9　探究活動のイメージ

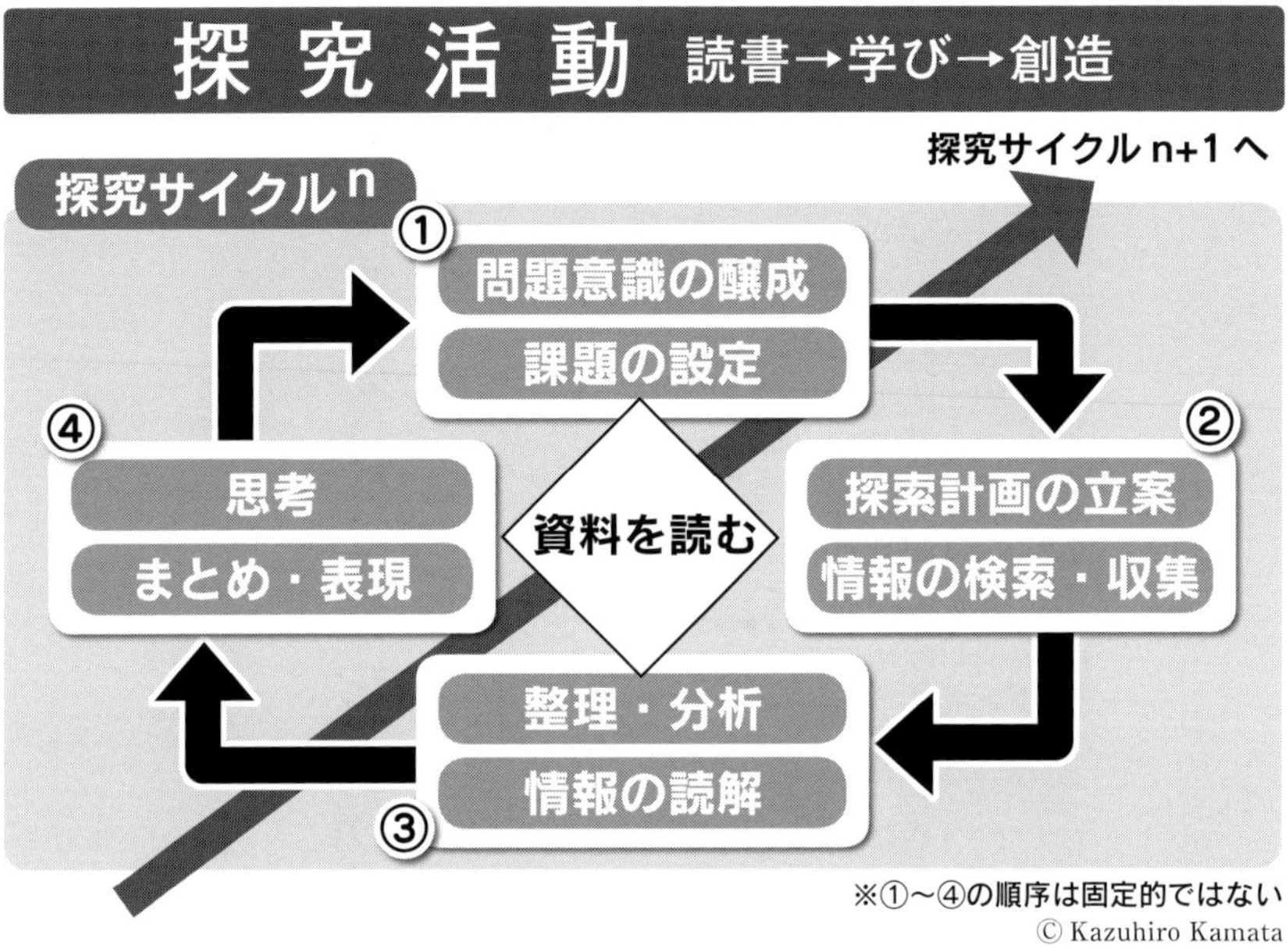

※①～④の順序は固定的ではない
© Kazuhiro Kamata

⑵ 読むことを軸に展開する探究活動

学校図書館を活用して行われる探究活動は読むことを軸に展開する学習活動である（図9）。一九六〇年代から七〇年代にかけて注目された探究学習は、「学問構造の探究過程を通した探究的能力と科学的概念の形成」（註7）をねらいとしてきた。学習者が学問探究の道筋をたどることを通して、学問の構造および学問独自の探究法を学ぶことが重要視されていた。

しかし近年では学習者の意味の探究を軸に、学問上の問題だけではなく問題解決や探究を行う力を育てようと広く考えられるようになってきている。そこで探究活動を、教科等の授業の目標をよりよく達成するために行われる、調べる活動を位置づけた諸学習活動とする。これは学校図書館の次の機能を活用した活動となる。

③読書指導を入り口に多様な情報メディアを利用可能にする機能

図10　カナダ・アルバータ州の探究モデル　徳岡慶一の訳による

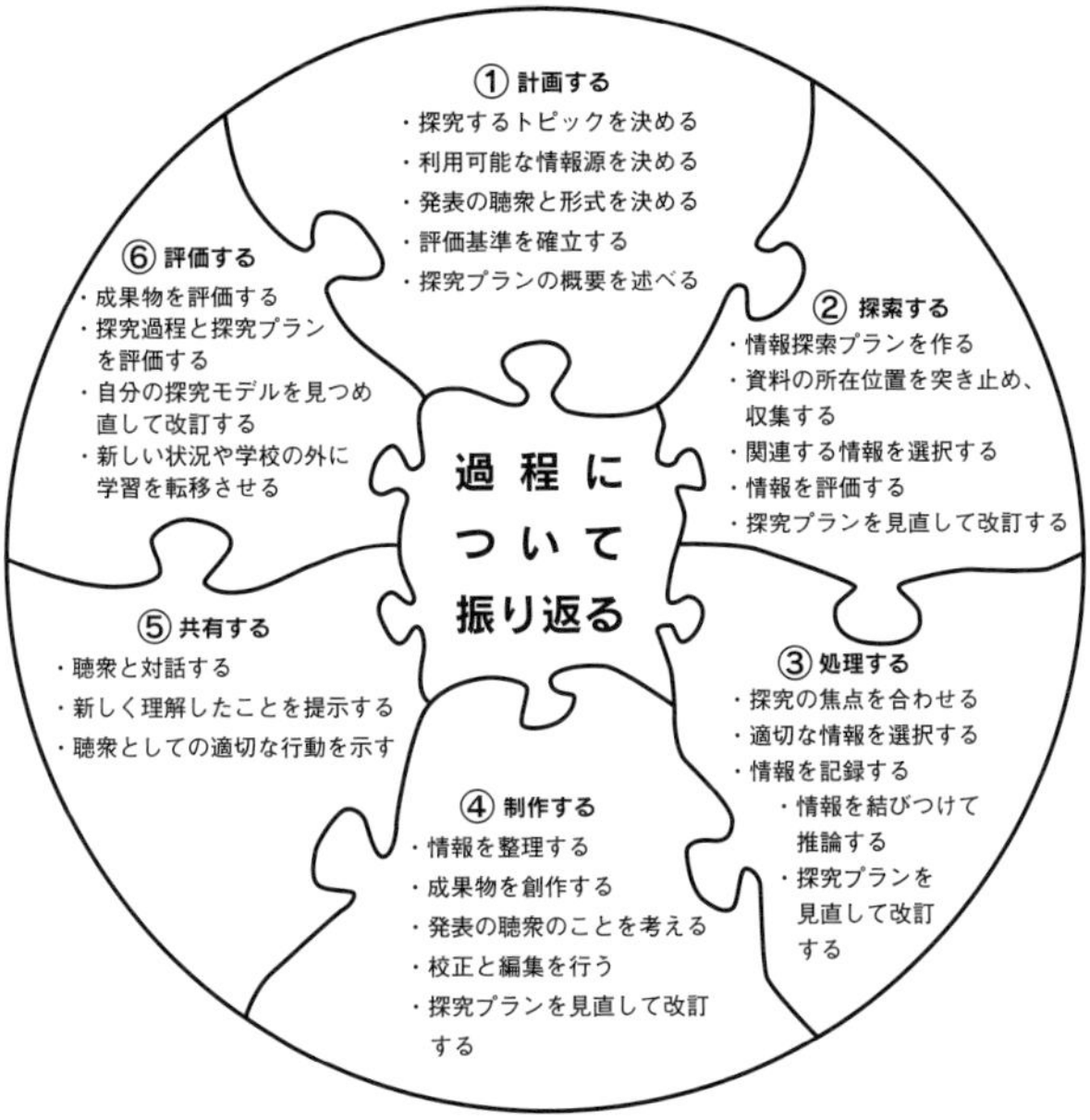

④組織化された多様な資料によって広く・深く、調べ・考え、教師が用意した教科書や教材、教育方法を補完・充実させる機能

　これらの機能を活用し探究に取り組んでいくわけであるが、それぞれの探究過程で複数の情報リテラシーのスキルを活用して探究を進めていく。この学習のモデルとしてはカナダ・アルバータ州の探究モデル（図10）が優れている（註8）。探究過程を次の六つのステージに設定し、それぞれのステージに「過程について振り返る」が設定されていることにも注目したい。

①計画する

探究するトピックを決める／利用可能な情報源を決める／発表の聴衆と形式を決める／評価基準を確立する／探究プランの概略を述べる

②探索する

情報探索プランをつくる／資料の所在位置を突き止め収集する／関連する情報を選択する／情報を評価する／探索プランを見直して改

訂する

③**処理する**

探究の焦点を合わせる／適切な情報を選択する／情報を記録する／情報を結びつけて推論する／探究プランを見直して改訂する

④**制作する**

情報を整理する／成果物を創作する／発表の聴衆のことを考える／校正と編集を行う／探究プランを見直して改訂する

⑤**共有する**

聴衆と対話する／新しく理解したことを提示する／聴衆としての適切な行動を示す

⑥**評価する**

成果物を評価する／探究過程と探究プランを評価する／自分の探究モデルを見つめ直して改訂する／新しい状況や学校外に学習を転移させる

これら一連のステージを経験し、調べて発表して終わりということではなく、学習したことを起点として新たな学習や行動を生むことが重要だとしている。

学習指導要領における探究的学習と学校図書館

先に触れたように、学習指導要領では総合的な学習の時間に探究的学習は位置づけられている。小学校を例に総合的な学習の時間の学習指導要領解説を見てみると、学校図書館に求められていることは「学習の中で疑問が生じたとき、身近なところで必要な情報を収集し活用できる環境を整えておくこと」（註９）だとしている。とりわけ「総合的な学習の時間で取り上げるテーマや児童の追究する課題に対応して、関係資料を豊富に整備する必要がある」とし、それらを「児童が必要な図書を見付けやすいように」整理し「図書館担当は、学校図書館の物的環境の整備を担うだけでなく、参考図書の活用にかかわって児童の相談に乗ったり必要な情報提供したりするなど、児童の学習を支援する上での重要な役割」を果たすことを期待している。そのために「教師は全体計画及び年間指導計画に学校図書館の活用を位置付け、授業で活用する際にも図書館担当と十分打合わせを行っておく必要」があるとしている。

また「総合的な学習の時間において児童が作成した発表資料や作文集などを、学校図書館等で蓄積し閲覧できるようにしておくことも、児童が学習に見通しをもつ上で参考になる」としている。

探究活動を位置づけた学習

これからの時代に求められる学力からすれば、自ら問題を発見し、解決していくことが求められ、探究の一連のプロセスを連続してすべて経験することが理想的ではあるが、それにはかなりの時間が必要である。自立した学習者を育てるためには、どこかでそれを行う必要があるが―それは総合的な学習の時間が担うことになるだろうが―情報リテラシーの構成要素となる諸スキルは様々な教科等の時間で個々に経験させることができる。以下、図３（一四ページ）の情報リテラシーの概念図内の情報リテラシーを構成する五つのスキルにそって具体的に述べてみる。

①課題設定・整理スキル

全くの白紙状態からテーマを設定させることは滅多にないが教科の学習では、大テーマは教師が設定しておいて、その下位の小テーマを児童・生徒に設定させることはある。総合的な学習の時間の学習指導要領解説には、体験活動等を通して課題設定をとあるが、課題を設定するためのスキルを知っていると、体験活動等を活かして課題の設定を行いやすくなる。昨今話題の思考ツールを活用することも考えられる。

②情報収集スキル

総合的な学習の時間では、インタビューやフィールドワーク等の直接体験の活動が強調されてきた感があるが、学校図書館の資料を活用することも忘れてはならない。体験活動を相対化しその固有性・一般性を認識するために必要である。図書資料になっているような、すでに明らかになっていることを踏まえてこそ、フィールドワークやインタビューが深まり・活きるのである。これもまた、総合的な学習以外の教科の場面でも位置づけられるだろう。参考図書・一般図書の使い方、ＮＤＣの知識を基礎にした図書資料の探し方を指導し、必要な資料を収集させせたい。

③情報読解スキル

あらゆる教科等の授業で必要とされ、指導され、利用されるスキルである。読むことは物語等を読み・楽しむことのほかに、知識を得て未知を既知に変える働きがある。主たる対象は文章となるが、教科書や資料集の資料など、学校教育用に編集されたものだけでなく、一般に向けて作成されたものが読めるようになる必要がある。図書資料についていえば、参考図書・一般図書・新聞・雑誌などの逐次刊行物等の特質がわかり、それに応じた読み取り方ができることが必要である。それ以外の情報メディアについても読解のスキルが必要で、地図や統計資料、画像（静止画・動画）、インターネット上で公開されている資料についても、それぞれの情報メディアの特質に応じた読み取り方が必要になる。

④情報整理・思考スキル

これもまた各教科等で指導されてきたところであろう。各種資料の読み取りからわかることを整理し考える指導はこれまでも取り組まれてきた。読み取ったことを記録するスキルの指導（メモ・ノート）も重要である。ここで注目しておきたいのは分類・整理や考え方の指導であろう。先述した思考ツールが使われる場面かと思われるが、私はより汎用的なツールの活用を考えて情報カード（後述一〇一ページ）の利用を勧めたい。

⑤表現・交流スキル

これについては総合的な学習の時間が始まった時に実に様々な実践が行われた。その成果から学ぶとよい。重要なのは自分の表現作品・表現活動を評価し、探究プロセスを振り返る力を育てることだろう。

これらのプロセスの一つまたはいくつかを各教科等の学習の中で経験し、総合的な学習の時間ではこれらを活用して連続したひとまとまりの探究的な学習が経験できるようにすることが重要である。

(3) 授業構成の基本は

授業構成を考える際、現在学校現場で多く見られる授業の構成は、単元レベルや本時レベルを一つの物語に見立てて、導入・展開・終末といった三部構成で考えることが多いだろう。以下、それぞれについてどのような役割・特徴を持っているかを見ていく。

【Ⅰ　導入】導入では、対象とする学習内容に関して、学習者のすでに持っている経験を思い起こさせたり、興味を引き起こしたりして、学習内容等に内発的動機を持たせ高めて、展開へつなぐ段階である。

【Ⅱ　展開】展開では、対象とする学習目標を達成するための学習活動に取り組ませる段階である。この際、学習活動に取り組みやすいように、見通しを持たせ、具体的に何をすればよいのかがわかりやすくなっていないと学習者が学習活動に取り組めないことにも留意したい。また、それぞれが単独または小集団で取り組んだ事柄を、学級等の集団全体で表現・共有し、吟味することが行われることも多いので、それが行いやすくなっていることも重要である。

【Ⅲ　終末】終末では、学習活動を振り返ることによって学習によって新たな知見が得られたか、身につけられたスキルは何か、残された課題や新たに見いだされた課題は何か等、学習したことを整理し、次への接続・発展を展望させる段階である。

Ⅱの展開での学習活動の構成の仕方によって異なる展開も考えられるが、極めて大まかに言えばこのようである。これらの三部の構成の中で、学校図書館はどのように活用しうるのだろうか。

授業における学校図書館の活用

授業構成を踏まえると、学校図書館の活用のポイントはどのようになるだろうか。段階ごとに見ていくことにしたい。

Ⅰの段階では、教科書教材等の代替として、学校図書館メディアを利用することが考えられる。学校図書館の機能の③④が活用できるだろう。教科書教材は、すでに学習者が目にしていることが多い。興味の喚起を考えると、新鮮さは重要な要因である。学校図書館メディアの提示・読み聞かせ等によって学習者の興味喚起を効果的に行うことができる。

Ⅱの段階では、学習活動の中に調べる活動を位置づける等の③④の機能が活用できるだろう。成長して我々が直面したことがない課題を解決していかねばならない子どもたちには、キーコンピテンシー（主要能力）や21世紀型能力に代表される汎用的な能力が求められている。学校教育においても、課題を設定し、資料を収集し、読み取り、整理し、考え、表現し、コミュニケーションを行っていくといった経験を通して問題解決力を育むことが求められる。

また、学習の目標が言語に関わることや情報リテラシーの育成自体に向けられる読書活動を位置づける場合は②の機能が主となろう。

Ⅲの段階では、学習のまとめとして構成活動（まとめに作品などをつくり表現活動を行う）を行うことがよく見られる。学校図書館が、過去の子どもの作品を保存していれば、それをモデルとして提示することができるし、また、表現作品・活動等の構成方法に関する資料を提供し、学習者が参考にすることもできる。

これらを踏まえ、学校図書館の活用を位置づけることが重要である。

註1　アーノルド・ローベル『ふたりはともだち』（文化出版局、一九七二年）。この著作に始まるがまくんとかえるくんを主人公とするシリーズは『ふたりはいっしょ』、『ふたりはいつも』、『ふたりはきょうも』の計四作品がある。

註2　マリア・モンセラット・サルト『読書へのアニマシオン―75の作戦』（柏書房、二〇〇一年）。サルトのアニマシオンを広げようとNPO法人日本アニマシオン協会が研修等の活動を行っている。（http://www.animacion.jp/）

註3　谷口忠大『ビブリオバトル　本を知り人を知る書評ゲーム』（文春新書、二〇一三年）。ビブリオバトルを普及させるための公式ウェブサイトがある。（http://www.bibliobattle.jp/home）

註4　吉田新一郎『読書がさらに楽しくなるブッククラブ―読書会より面白く、人とつながる学びの深さ』（新評論、二〇一三年）、有本秀文『「PISA型読解力」の弱点を克服する「ブッククラブ」入門』（明治図書出版、二〇〇九年）。ブッククラブの普及を図るNPO法人日本ブッククラブ協会がある。（http://www12.plala.or.jp/bookclub/index.html）

註5　足立幸子「初読の過程をふまえた読書指導　ハーベイ・ダニエルズ「リテラチャー・サークル」の手法を用いて」『新潟大学教育学部研究紀要　人文・社会科学編』6（1）一―一六、二〇一三年。

註6　ルーシー・カルキンズ著、吉田新一郎・小坂敦子訳『リーディング・ワークショップ～「読む」ことが好きになる教え方・学び方』（新評論、二〇一〇年）。リーディング・ワークショップの手法を日本の実情に合った形で実践した成果をまとめたものに、プロジェクト・ワークショップ編『読書家の時間　自立した読み手を育てる教え方・学び方【実践編】』（新評論、二〇一四年）。

註7　寺西和子「探究学習」今野喜清ほか編『学校教育辞典』第三版、（教育出版、二〇一四年）。

註8　徳岡慶一「『探究』型学習に関する一考察―カナダ・アルバータ州教育省教師用手引き書Focus on Inquiryの分析を通して―」『京都教育大学教育実践研究紀要』第八号、二〇〇八年。（原文は http://www.teachingbooks.net/content/FocusOnInquiry.pdf）

註9　文部科学省『小学校学習指導要領解説　総合的な学習の時間編』（東洋出版社、二〇〇八年）。第9章　総合的な学習の時間を推進するための体制づくり　第4節　環境整備　2学校図書館の整備

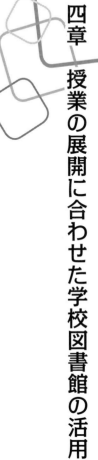

四章　授業の展開に合わせた学校図書館の活用

(1) 導入における学校図書館活用

導入での活用意義は？

子どもたちは自ら興味・関心を持ったことは大変熱心に学ぶ。だから子どもの学習への興味・関心を引き出すために、導入に気を配る教師は大変多い。それは学校教育があらかじめ設定された計画に基づいて行われることに起因する。できるだけ子どもの興味・関心に近い内容を、それらが喚起されやすい時期に配置して年間計画を編成するが、個々の子どもにとって必ずそうなるというわけではないからだ。だからこそ教師は単元の始まりの導入や、各授業の始まりの導入に力を入れるのだ。

さて、そのような導入教材の代表的なものは各教科の教科書に掲載されている。教科書は教育課程編成基準である学習指導要領に準拠し、多くの専門家の手によって作られている。手堅く、よく検討された教材が掲載されている。しかしながら、その教材が目の前の子どもたちの興味・関心を引くとは限らない。興味・関心といった情意に関わることは、子どもたち個々の個性的な在りように依存するところが大きいからである。目の前の子どもたちの実態に応じた教材の用意は、その子どもたちの専門家としての教師の使命ではないだろうか。また教科書はすでに配布されている図書であるから、すでに読んでしまっている子どもも多い。初めて見聞きしたことのインパクトに比べると、すでに見聞きしたことからでは、引き起こされる興味関心はどうしても弱くなりがちである。

そこで、教科書教材の代わりとなるものを用意したいわけだが、これがなかなか大変である。この導入教材探しの有力な支援をしてくれるのが学校図書館というわけだ。学校図書館には、子どもたちが興味を持ちそうな様々な資料が所蔵されているはずであるし、いや、そのように整備していかなければならない。文学作品はもとより、その学校に通う年代の子どもが興味を持ちそうなこと、興味を持ってもらいたいことに関して、その年代の子どもが読みうる資料を収集していれば、当然教科の学習で扱う内容に関する資料も豊富に用意されていることだろう。それらの資料から代替の教材を探してみてはどうだろうか。もちろん整備途上の学校図書館であれば、近隣にある公共図書館も大きな力となってくれるはずである。

『おおきくなるっていうことは』～導入での活用の実際～

東京学芸大学附属小金井小学校の齊藤和貴先生は、小学校二年生三学期の生活科の授業で中川ひろたかの『おおきくなるっていうことは』（一九九九年、童心社）という絵本の読み聞かせから、単元の学習に入る授業を実践された。この単元では、子どもたちが過ごしてきた学校生活や、それまでの自分の成長を振り返ることが学習内容となるのだが、『おおきくなるっていうことは』はこの単元をつらぬく格好の教材となり得る内容を持っている。この本では「おおきくなるっていうことは」をキーワードに学齢期に達した頃の子どもが実際の生活場面で実感できる変化を取り上げてストーリーが展開されている。齊藤先生は一度目の読み聞かせのあとに、もう一度一ページ一ページを読み直していく。その際に子どもたちが様々なつぶやきをもらす。そのつぶやきに焦点を当てながら、そこから子どもが「おおきくなるっていうことは」を実感する自分の事実に向き合わせ、その発見を原動力に自分の成長について追究していくという構造になっている。『おおきくなるっていうことは』に触発されたつぶやきから、子ども同士のしなやかなコミュニケーションが生まれ、自分や仲間の「おおきくなるっていうことは」どういうことなのかを語り合っていたすばらしい授業であった。齊藤先生はそれまでもこの単元で同様の実践をされているとのことだった。この単元では、子どもが小さい頃に着ていた服やアルバムなどを持ってきてもらい、導入教材にすることもある。自分が幼い時に身につけていたものだから、身近である、自分の変化に気づきやすい格好の教材となる。しかし、昨今の家庭環境の変化・家族関係の変化からすると、プライバシー等の問題から、そのような導入・展開が難しいという声も多く聞かれる。また、服などのものを示した導入では、具体的でわかりやすい反面、物にばかり目が行ってしまい、できるようになったこと等の物では表せない変化に目がいきにくくなる。その点『おおきくなるっていうことは』では「シャンプーだっていやがらないこと」や「たかいところから　とびおりられるっていうこと」であるとか「それもそうだけど　とびおりてもだいじょうぶかどうか　じぶんでかんがえられるってこと」等、多様な成長への気づきを促す場面が用意されている。

絵本の読み聞かせから入る導入づくりは、学校図書館機能を活用した授業実践ということができる。図書館活用教育にこれから取り組もうという学校や学校図書館整備はこれからという学校でも取り組める実践である。私もそのような学校図書館の整備途上の学校で、みなみ信州農業協同組合『もらい風呂』（農山漁村文化協会、二〇〇〇年）を読み聞かせ、四年生社会科の水道の単元の導入の授業を行わせていただいたことがある。このような導入に有効な図書資料を探す際には、子どもの本に詳しい司書教諭や学校司書などの学校図書館スタッフの支援があると心強い。私もベテランの学校司書にこの本を教えていただいた。

(2) 展開場面での学校図書館活用

展開場面での活用の意義は？

一つの単元レベルで考えると、展開とは、単元をつらぬく学習問題の解決を図る過程となる。具体的には、

①どのような情報が必要かを考える
②必要な情報を探して入手する
③情報を読み取る
④情報を編集し（考え）表現する＝問題を解決する

といったことに取り組む過程である。情報リテラシーのスキルが必要となり、スキルを身につける有効性が実感しやすい場面である。

このような場面で学校図書館を活用するのは、次の意義と効果がある。

①は問題とは何かを捉え、解決するためにはどのような情報が必要なのかを考え、探究の見通しを持つことになる場面である。問題解決の動機を深め、主体的に問題解決に取り組む基礎が培われる。必要な情報が

何であるか考える際には、問題に関する基礎的な情報が必要となる。基礎的な情報といえば、教科書は有力な情報源となるが、教科書には問題解決の過程そのものや結論が記述されていることも多く、授業展開の際には使いにくい場合がある。その点、学校図書館で参考図書（辞典・事典等）をうまく利用すれば、それを克服することができる。また、調べ方に関する資料を備えておけば、それを参考にすることができる。

②だが、これまでの授業では、教師が必要な資料を選択し、子どもに示すことがほとんどであったかと思う。しかし、こればかりでは子どもは学習者として自立できない。問題解決に必要な資料は自分で探し出し、入手することができるようにならないと学習者としての自立はかなわない。教科書や資料集は、問題解決にあたって必要な資料のみを集めていて効率はよいのだが―教科書や資料集は、そもそもそういう目的でつくられている―多くの情報の中から、必要なものを選び取っていくような情報リテラシーのスキルは育ちにくい。学校図書館機能を活用すれば、多くの資料の中から、自らの必要な資料を選択する経験ができるのである。

③の情報の読み取りは、様々な教科の学習の中で取り組まれている。学校図書館コレクションを教育課程の展開に応じたものに整備することによって、情報の読み取り方を具体的に学ぶことができる。

④は問題解決の山場となる過程だ。情報の編集＝考え方に関わるスキルを学んだり、実際どのように考えたらよいのかを具体的に学んだりできる。

これらの過程で学校図書館を活用する場合、場としての活用と機能としての活用があることを意識しておきたい。情報リテラシーを育てるために学校図書館を活用するのだから、授業はいつでも学校図書館で行わなければならないというわけではないのである。教室でも、学校図書館の資料を持ち込むことによって、学習・情報センターとしての学校図書館の機能が活用できる。

展開場面での活用の実際

島根県の旧東出雲町（現在は松江市）の揖屋《いや》小学校は学校図書館を活用した学習指導に取り組む学校図書館活用の先進校だ。二〇〇九年十月に五年生の社会科の授業を見せていただいた。指導者は担任の島崎健志先生、司書教諭の品川輝子先生、学校司書の門脇久美子氏と、三人が協働しての指導だった（註1）。

揖屋小学校の五年生の工業単元は、前半で自動車がどのようにつくられているのかを学習して、単元の後半で、これからの自動車はどのようにあるべきなのかを学習問題にして展開していった。五年生社会科の工業単元では、日本の工業の様子と、国民生活との関わりを学ぶ。多くの教科書では自動車工業を事例に取り上げている。工業生産の様子を教えるだけであれば、教師が資料を用意してそれをもとに短時間で効率的に必要なことを伝えることもできるだろう。しかし、そのような授業では、子どもたちが自ら考え、本質をつかみ、状況や時代が変わっても、工業と国民生活を考えることができる学習を構成することは難しいのではないか。揖屋小の実践では、これからの時代に求められる自動車とはどのようなものかという未来志向の興味深い問題に取り組みながら、自分たちの暮らしと、自動車・自動車工業のつながりを考えつつ、自分で資料を探し、読み取り、考えていた。この過程こそが重要である。自分で調べることにより、はじめは教師から示された問題であっても、次第に自分の問題へと近づいていく。大テーマは教師から与えられたものだとしても、探究の過程で自らの興味関心に近い問題が見いだされていくのである。また、学び方も自らのものとなっていく。このように、教科等の学習の中にある問題解決過程に学校図書館機能の活用を位置づけることで学習の質が高まっていく。

授業では、子どもたちは学校司書と司書教諭に提供された豊富な資料から、それぞれが興味を持った近未来の車が持つ・持つべき機能について調べ、考えていった。教科書にも確かにこれからの自動車はどうなっていくか数点の資料が示されている。しかし、技術の革新は大変早く、教科書では対応できないことも多い。新聞や雑誌、パンフレット等を組織化したファイル資料が用意され、子どもたちは最新の資料を使って調べていた。環境に配慮した技術や、衝突回避の技術、障害のある人を支援する技術等の豊富な資料から、子どもたちの意欲は高まり、問題意識も確かなものになっていった。資料を読みながら、自分の興味が何であるかをはっきりさせていった子どももいた。少し調べて資料を読み、知識が増えていかないと、問題意識がはっきりしてこないというのはよくあることだ。また、資料をどのように読めばよいのか、どう考えればよいかは、図書資料や雑誌の記事等を読む際に、事実と意見を区別しながら読んでいくことで明確になっていく。記事等の著者の意見を読むと、事実からどのように考えたのか、ひな形となるものを読み取ることもできる。

資料を見つけて、読み取ったことを子どもたちは情報カードに書き取っていった。ワークシートを作成して、子どもたちに読み取ってほしいポイントを明示して資料を読み取らせることも有効だが、常時ワークシートを使っていると、誰かがポイントを示さなければ、いつまでたっても必要な情報を読み取ることができないということにもなりかねない。学習者として自立するということが何よりも重要なのだ。その点、情報カードは自立に役立つ道具となり得る。また、書きためたものを分類し、カード相互の関係を考えたりする等、操作することによって考えを生み出し表現する手助けをしてくれる。ワークシート、思考ツール、情報カード、それぞれ利点・欠点がある。学習者としての成長を考え、適宜用いていくことが重要だ。

個々に課題を設定し、調べる活動を支えるために、三人の先生は座席表に子どもたち個々の追究しているテーマや読んでいる資料等を書き込んで共有していた。一斉指導で具体的に取り組むことを確認し、それぞれが自立的に学べるようにしつつ、それだけでは応じきれないつまずきや個々の学びの発展を三人で支えていた。授業後は、座席表をもとに本時の学習状況を確認し、次時の指導を検討されていた。調べる学習活動を授業に位置づける場合、同一課題を全員で探究していくことは少ないだろう。同じ資料が必要になってきて授業を成立させることも困難だ。むしろ、大テーマのもとにそれぞれ異なるテーマを追究した方が資料の準備等も行いやすいし、それぞれが調べたことを共有し、考え合う場面を設ければ多面的・多角的な思考が可能となるだろう。ただ、その際には、一人ひとり異なるテーマを追究することになるわけだから、個に応じた細やかな支援が必要となる。それを座席表という個に応ずるという思想を持ったツールを使って具現化していたのである。

展開場面での活用のポイント

揖屋小の授業には、展開場面での学校図書館活用のエッセンスが見て取れる。担任教師が何を学習問題としたいのか、どのように学習を展開したいのかを学校図書館スタッフ（学校司書・司書教諭）は聞き取り、それに応じ、子どもたちが読み取ることのできる適切な資料を準備・提供していった。また、その資料を読みこなし、考えることができるように個に応じた支援体制をつくっていった。この支援体制の構築には、子どもたちの設定したテーマや前時までの学習の様子を書き込んだ座席表という個々の探究に応じるためのツールの存在が見逃せない。またこのツールの背景には、学習者の自立を育むには個をとらえ個に応ずるという思想がある。このような体制が基礎となり、子どもたちは意欲的に、かつ、教科が本来目的とする学びを実現し、ともに、学び方も学んでいくのである。

(3) 終末・発展における図書館活用

終末での活用の意義・効果は?

ひとつの単元レベルで考えると、終末とは単元の主要な学習問題を解決し、それを表現・整理する過程で、

①問題について、明らかになった事柄を表現する
②表現を共有し、吟味する
③不足のことがあれば追加して調べたり考えたりする
④学んできたことを整理し、問題解決過程を振り返る

といったことに取り組む。表現しようとすることによって、これまでの探究の振り返りが行われ、明らかになったこと、考えてきたことの再構成が行われる。それによって、探究してきたことがよりよく理解される。

このような場面で学校図書館を活用するのは、次の意義と効果がある。

①は単元で問題としてきたことについて、調べ・読み取り・考えてきたことを作品化したり、プレゼンテーションを行ったりする等、表現する場面である。この場面では、何について、どのように表現すればよいのかが明確であることが必要だが、学校図書館にある図書資料には、様々な表現方法に関する参考資料がある。例えば、単元を通じて追究してきたことを新聞の形式を利用して表現し、まとめようというのであれば、新聞とはどのようなものかを見る必要がある。学校図書館には新聞の現物があるはずだ。これが見本となるだろう。また、新聞をつくるにはどうしたらよいのかという疑問に答える資料を備えておけば、実際の作成方

法について学ぶことができる。図書資料はもとより、近年はＮＩＥ（教育で新聞を活用しようという運動）も盛んなので、パンフレット等を集めてファイル資料を作成しておけばそれも活用できるだろう。また、過去に取り組んだ際の児童生徒の作品などで参考になるものの複製や現物を資料として備えておけば、作品見本として活用できる。ここでは新聞を例に取り上げたが、その他の表現作品や活動についても取り扱った資料がある。それらを学校図書館のコレクションに加えておくとよいだろう。

②は①の表現や作成した作品を巡りコミュニケーションを行って、これまでの追究を吟味し、振り返る場面である。このようなコミュニケーションは、学びの質を高めていくために大変重要だ。高木まさき・中川一史監修『発表・討論チャンピオン』（光村図書、二〇〇三年）のように子ども向けに、このような発表とそれに基づくコミュニケーションの方法を説明した本も出ている。また、この場面をどのように授業にしていくかを考えるためには大人向きのビジネス書も参考になる。

③は②の吟味で必要が生じた、不足等を調べ直したりするものだ。指導する側は、問題をつかみ、調べ、まとめる等といった具合に子どもの問題解決過程を単線的にとらえた単元設計を考えがちだが、実際の問題解決は複線的にまたスパイラルに発展することの方が多いものだ。④で学びの過程を整理し、振り返ると示したが、カナダのアルバータ州の探究モデルのように、ここでだけ振り返るのではなくそれぞれの過程で振り返り、行きつ戻りつつ追究は展開していくものであることも忘れてはならないと思う。

終末での活用の実際

かつて神奈川県相模原市立藤野小学校の校内研究会に参加した際に、終末場面の活用ポイントについて考えさせられる場面を拝見した。藤野小学校は読書活動を中核に据えた授業改善に取り組み、子どもの情報リテラシーを育てようとしている学校だ。研究会では、二学期の実践についての検討を行い、その中で四年生の国語科で「生き物のひみつをさぐろう」という単元のことが話し合われた。授業者は、国語の教科書の教材文を読み取ったことを単元の終末でリーフレットにまとめようという活動を構想されていた。リーフレットとは、用紙一枚で作成できるパンフレットである。この単元では教科書の読み取りからリーフレットをつくって終わりというわけではなく、単元末に作成されたリーフレットづくりの体験がひな形となって、発展として学校図書館を活用し、子どもたちが自分で決めた生き物について類似の構成のリーフレットを作成していこうという展開が構想されていたのである。単元を構想する段階で、相模原市で使用されている教科書の本文教材と他社の類似単元の教材文を比較検討し、今回の単元構想からすると、他社の教材文の方が、学校図書館の資料を使って調べて作品にまとめる際に活用しやすい構成になっていることがわかった。そこで、そちらの教材文を利用しようとの判断がなされた。教材文の説明的文章は、内容的に魅力的ではあったのだが、資料を使って調べてまとめることを考えると、構成が個性的で、汎用性が低かった。実際の授業では、教材文を変更したことによって、円滑に活動が展開していた。

私の実践になるが、六年生の社会科の国際単元で、調べた国のことをパンフレットにまとめたことがある。子どもたちは、日本と関係の深い国から、自分の調べたい国を一か国選び、学校図書館やインターネットを使って調べる活動に取り組んだ。調べたことを編集して、自分の調べた国のことを紹介する作品づくりに取り組んでもらった。子どもたちは、自分の暮らしの中で、外国とのつながりを考え、興味を持った国について、調べていった。まずは自分が興味を持っている事柄を調べていったが、パンフレットを作成することが意識に上ってくると、その国のことがわかる基本的な情報についても調べ、パンフレットを手に取った人が、わかりやすいようにと調べる対象を広げていった。サッカーの大好きな子は、自分の好きなチームのある国を調べ、ファッションに興味のある子どもは、新しいデザインの服が発表される国を調べ、選択された国の特色から、その子どもらしさが垣間見えた。テーマを決定するということは極めて重要な、そして個性的な表現なのだということを再認識した。作品は、それぞれ自分がつくってみたいものにしてよいとしたところ、壁新聞の形式でまとめる者、パンフレットをつくる者、校内LANで公開できるようにウェブサイトをつくる者と、多彩な作品が作られた。作品の種類を自由に選択することにも、子どもの個性が発揮されて興味深かった。作品の種類は表現自体に大きな影響を与える。新聞であれば記事の作成・レイアウトに、パンフレットであれば、細かな情報も重要だが視覚に訴える情報の提示、ウェブサイトであればハイパーリンクを活用した立体的な構造を持った表現と表現する情報メディアの特性を活かしたものとなる。確かに指導する側の負担も大きくなるが、多様な表現は魅力的である。ただこのような表現作品の種類を選択させたのには、この学級の子どもたちを五・六年と二年間担任し、様々な作品づくりに取り組んできたので、その集大成として作品の種類も選ばせたということがある。作品づくりには、その作品の形態がどのようなことを表現するのに適しているのかという基礎研究をした上で、学習活動として位置づけるにはどのようなことがポイントとなるのか、また単元の学習内容からするとどのような作品が適しているかなどの検討が必要になる。学習活動について検討するには『総合学習・生活科・社会科活動研究ハンドブック』(註2)が好著で参考になる。この活動で盛り上がったのは作品を紹介し、互いに質問をする場面だった。それぞれ自分が選んだ国について調べているから、ほかの子どもの発表を聞いて「この点はどうなっているかな？」などと気になることがあり、それぞれの紹介に対して多くの質問が出された。この発表の後で「先生、書き足したいことがあるんだけど、いいかな？」などと相談してくる子どももいた。発表をし、交流することによって、自分がよく理解できていなかったところや調べが足りないところがわかったり、ほかの子どもの作品を見ていて新たに調べてみたいことが出てきたりする。学習してきたことを作品等にして見える形に（＝外化）し、それを相互に交流したからこその気づきである。

展開が充実していると、終末場面での交流・振り返りも豊かなものになっていくように思われる。

終末での活用のポイント

終末での学校図書館活用は、学校図書館の資料によって、子どもたちのまとめのひな形を示し、どうやってまとめていったらよいのかを具体的に示すことにある。このような学習活動に役立つような資料を収集することと、作品例として示せるようにしておくことが大切だ。また、子どもたちの情報リテラシーのスキルを高めるために、作品に関する基礎研究に取り組み、作り方の指導ができるようにしておくことが重要である。

発展での活用の意義は？

発展の過程は単元の学習が一段落し、その単元で学んだ内容や方法をもとに学習を発展させる過程で、次のような特質がある。

①単元で学んだテーマに関連する事柄について、広げたり深めたりする
②単元で学んだ学び方が活用され、いつでも活用できる自分のスキルとして身につく
③学習内容・方法が、より子どもの興味・関心に近づけられる

このような場面で学校図書館を活用するのは、次の意義と役割がある。

①は、単元で学んできたテーマについて学ぶ過程で関心を持った関連事項を探究することによって、知りたかったことがわかったり、より興味の持てることに出会えたりして、教師が学んでほしいと思っていたテーマについて知識を得て、考え・思いを広げたり深めたりすることができる。

②は、その単元の中で指導された学び方などのスキルを、実際に利用することによって、学びの脈絡が異なる場合でもあっても活用可能な自分の技にすることができる。教師が一生懸命教えたことでも、子どもにはうまく届いていないことがある。小学校の授業では体験を通して学ばせることが多く、作業をしながら学ぶわけだが、教師の示した手順をなぞるだけでその意味や原理を理解せずに取り組んでいる子どもが見受けられる。そのような子どもは、問題場面が少し変わったり、条件が変わったりすることで、問題解決に取り組めなくなってしまうことがある。実際に自分で問題に取り組むことによって、学んだ内容や方法の本質に気づき、応用ができるようになっていく。

③何より魅力的なのは学習する子どもの興味・関心に近づけられることではないだろうか。学校教育は意図的・計画的な営みだから、教室で話題とされることは必ずしも子どもの興味・関心に適時に応えるものではないかもしれない。だから教師は教材研究に取り組み、学習に取り組んだ当初は、子どもが興味・関心を持っていない事柄でも、意欲を持って学べるように工夫を凝らしていくわけだ。ところが展開の場面では―単元設計の方法にもよるが―教師が教えたい事柄は大テーマとして存在しているが、個々が取り組むテーマは自分で考え、選ばれていくわけである。好きなことや自分で考え選び取ったことは意欲的に学ばれていくものだ。基礎・基本は応用のためにこそ存在する。例えば、ピアノを習いたいと思うのは、自分が好きな曲をいつか弾けるようになりたいと、その日の姿を夢見てのことだろう。練習曲をたくさん練習したいと思っ

て習いたいと思う人は少ないはずだ。情報リテラシーも、解決したい問題があって、それを乗り越える姿を夢見てこそよりよく学ばれていくのである。できるだけ個々の関心に近いところで学んだ方が、よりよく身につけられるのだ。

発展での活用の実際

二〇〇九年の秋に島根県松江市（旧八束郡東出雲町）の揖屋小学校で国語の授業を見せていただいた（註3）。二年生の国語科の授業で、指導者は学級担任の正岡喜美先生、品川輝子先生（司書教諭）、門脇久美子氏（学校司書）であった。揖屋小学校は自校での経営努力の結果、公立学校では極めて珍しい専任の司書教諭として勤務される方がおり、学校司書とともに、様々な授業で情報リテラシー教育に取り組まれていた。正岡先生の国語の授業でも、専任の司書教諭である品川先生と学校司書の門脇氏が指導に加わられていた。

さて、二年生の授業は「サンゴの海の生きものたち」（光村図書、当時）の単元だった。この教材は教科書の改訂によって姿を消してしまったが、サンゴとクマノミの共生について書かれたもので、子どもたちの好きな生き物の不思議に関わる説明的文章だった。通常、よく取り組まれるように教材文を読み解いていく学習でも子どもたちの反応はよいのだが、本文を読み取る学習を終えたところで、正岡先生の教室では発展として子どもたちが自分の好きな海の生き物を選び、その生き物について調べて発表するという学習に取り組んでいた。私が参観した一時間は、学校図書館で授業が行われていた。授業の冒頭で、子どもたちに本時の取り組みについて説明したあと、それぞれ子どもは自分の調べたい海の生き物について資料を探し、読んで、ワークシートに調べたことを書き取っていた。

二年生に、図鑑や一般図書などの図書資料が読めるのだろうかと思いながら見ていると、子どもたちは実に熱心に本を読んでいた。一人で真剣に読んでいる子もいれば数人で図鑑を囲み、楽しそうに話しながら調べている子どももいた。読んでもわからないことがあると、近くの先生を呼び止めて教えてもらっていた。「自分が選んだ調べたい生き物だからなんとしてでも読みたいのだ」というそんな意欲が見て取れた。また、三人の指導者がチームで指導している時の強みが現れている場面でもあった。一人の教師では子どもたちの同時に発せられる多様な求めに応えきれないだろう。資料を見ると、二年生の子どもが読めそうなものを中心にそろえられていた。学校司書を中心に司書教諭・担任教諭が吟味し、公共図書館から団体貸し出しを受けて十分な資料をそろえていることがうかがえた。主となるものは図鑑や海の生き物に関する本などの図書資料だったが、小学生向けの新聞の記事を台紙に貼ってフィルム加工したファイル資料も用意されていた。

自分の探している生き物について、資料を探している子どもの姿が多く見られたが、目次や索引を見ながら探している姿には驚かされた。小学校に入学して一年半程度の子どもたちが、調べるための本の使い方をよくわかって使っているのだ。子どもたちは、生き物が、どこにすんでいるのか、体の大きさ、みんなに教えてあげたいことを調べていた。体長や生息地は図鑑を見ると、その生き物の基本情報を示すところにのっている。しっかりそこを探し出して読み取り、書いていた。子どもたちはこの学習によって、教科書教材で取り上げたテーマの内容を広げ・深めている様子がうかがわれたし、索引・目次の使い方、図鑑の使い方などの学び方を実際に自分で調べたいことを調べる場面で用いて、スキルがより確かにものになっていく様子も観察された。

発展での活用のポイント

正岡学級の事例は、学習の中で取り上げた海の生き物というテーマを軸に、子どもたち個々が興味を持った生き物を調べていくというものだった。調べる学習活動を設定し、内容を発展させる意図であったから、子ども個々の興味に応じられる資料の充実が不可欠であったが、十分な資料が準備されていた。

また、学び方の発展という意味では、調べるための本の使い方（資料の探し方、探した資料から求める情報を見つけ出すための方法―目次・索引等の使い方―）、資料から必要な情報をどう抽出していくかについて取り組まれていた。この授業からは年間計画に位置づけられ育てられてきた情報リテラシーのスキルを、単元の学習の中で再オリエンテーションを施し、個々の興味に近いところで、生きて働くスキルとして育て上げていく場を設定することの重要性が読み取れる。

この授業でも教師たちは皆で座席表を手に個別指導にあたっていた。子ども個々が課題を持ち探究する学習では、個に応じた指導を行うことが基礎となっていることも忘れてはならないだろう。

註1　この授業の様子は、放送大学の司書教諭科目「学習指導と学校図書館（二〇一六）」の第10回「教科における学校図書館活用(2)」の映像教材に収録されている。

註2　次山信男・大澤克美編『総合学習・生活科・社会科活動研究ハンドブック』（教育出版、一九九八年）。

註3　この授業の様子は、放送大学の司書教諭科目「学習指導と学校図書館（二〇一六）」の第9回「教科における学校図書館活用(1)」の映像教材に収録されている。

五章　総合的な学習の時間における図書館活用

総合的な学習での活用の意義・効果は？

平成二三年から本格実施された学習指導要領では、総合的な学習は教育課程の中核となる重要な位置にある。現在検討が進行している新たな学習指導要領でもその位置づけは変わらないようだ。文部科学省は二三年度版の改訂の際に、基本方針の三つのうちの一つに、知識・技能の習得と思考力・表現力・判断力等の育成のバランスを重視することをあげている。先にも触れたが、各教科において、基礎的・基本的な知識を重視するとともに、観察・実験やレポートの作成、論述などの知識・技能の活用を図る学習活動を充実させることを求めている。そして総合的な学習の時間を中心に、教科等の枠を超えた横断的・総合的な課題について、各教科等で習得した知識・技能を相互に関連づけながら解決するといった探究的活動の質的な充実を図り、思考力・判断力・表現力等を育成することをねらっている。

総合的な学習では探究的な学習を構成することが求められているが、文部科学省は、探究的な学習を問題解決的な活動が発展的に繰り返されていく一連の学習活動としており、「探究的な学習における児童（生徒）

の学習の姿」として図4（二四ページ）で示したように、課題の設定、情報の収集、整理・分析、まとめ・表現がスパイラルに発展していくことを想定している。ここで示されているのは図書館情報学で研究が続けられている情報リテラシーのプロセスモデルそのものといってもよいだろう（註1）。そもそも、情報リテラシーは、問題解決に情報面からアプローチするものだから、過程が似ているのは当然なのだ。

また、文部科学省は、総合的な学習の時間の学習指導要領解説の中で総合的な学習を推進するための体制づくりについて述べているが、環境整備として学校図書館整備が重要であるとし「学習の中で疑問が生じたとき、身近なところで必要な情報を収集し活用できる環境を整えておくことは、問題の解決や探究活動に主体的に取り組んだり、学習意欲を高めたりする上で大切な条件であり、その意味からも学校図書館は読書センターや学習・情報センターとしての機能を担う中核的な施設である。そのため、学校図書館には、総合的な学習の時間で取り上げるテーマや児童の追究する課題に対応して、関係図書を豊富に整備する必要がある」と述べている。加えて、公共図書館との連携や、そのためのシステムづくり、学校図書館の資料を探しやすくするための目録の電子化とその整備、図書館担当者の役割と年間計画等の整備、情報リテラシーの指導、児童の成果物収集等にわたって述べている。

繰り返すが現在の学校教育の中では総合的な学習は極めて重要な位置にある。教科等の学習の成果を活かし、情報を活用して展開する探究的な学習を行うことが期待されている。また、そのためには学校図書館を整備して情報リテラシーを身につけ、発揮することができるように環境整備をすることも求められているのである。

総合的な学習での活用の実際 〜鶴岡市立朝暘一小の総合的な学習〜

二〇〇九年に山形県鶴岡市立朝暘第一小学校を訪問した際に、六年生の総合的な学習の時間の授業を見せていただいた（註2）。参観した授業の単元は「未来につなごう致道の伝統」というもので、小学校の総合的な学習の時間の最終単元で、最高学年として六年間学んできた学校の「伝統」という大テーマについて、それぞれが関心を持つ中テーマをクラスごとに設定し、それぞれが関心を持つ小テーマについて調べ、表現し、次の最高学年となる五年生に伝えていこうというものだった。

授業で見て驚いた場面がいくつもあった。ある学級のグループでは、江戸時代の庄内藩の藩校である致道館から一小へと、どのようにつながっているかを調べていた。中間報告をしている二人の発表を、グループの四人が聞いている場面だったのだが、学校の沿革をわかりやすく図にして皆に示していた。あとで子どもたちにどんな資料を読んでいるのかをたずねたところ、鶴岡の市史を読んでいるとの答えだった。市史というと、硬い文章で書かれていて、大人であってもなかなか読み応えのあるものであることが多い。それを小学校六年生が読めるというのが驚きである、また読んだことを図に表現しているというのは、内容を理解し、自分の考えで整理できているということである。

この実践の基底には、学校をあげて未読児をなくそうと「読書の学習」（読書指導）に取り組まれていることがある。一小では、全校児童の年間貸し出し冊数が平均一五〇冊を超えている。ここで培われた「読書の学習」の成果は、知りたいと思ったことが生まれた時に大きな威力を発揮する。知りたいことや疑問を解決するためには、必要な情報を探し、読み取ることが不可欠だ。一小では「読書の学習」を基盤に調べ学習

Ａ（国語科で行うもの）と調べ学習Ｂ（生活科・社会科・理科・総合的な学習で行うもの）によって、情報リテラシーを育てている。この授業では、図書資料以外にも、昔の学校のＰＴＡ会報（旧仮名遣いで難しい言葉遣いの文章だった）や、旧職員の先生から寄せられた手紙、卒業生のインタビュー映像など、多様な資料から求めている情報を読み取り、自分のノートに書き、考えている姿が見られた。読書の習慣と情報リテラシーが基盤となって展開する学習は豊かで質が高く、小学校六年生でもここまでできるのかと驚かされた。

子どもの願いがあってこその情報リテラシー

私が勤務していた小学校は、総合的な学習の時間が創設される以前から総合学習の実践研究に自主的に取り組んでいた学校だった。朝陽一小を視察して、一小の実践にも刺激を受けつつ、私が取り組んだ四年生の総合の実践に「火をおこしてクッキング」というものがある。小さなきっかけだったのだが、ある子どもが「自分たちの力で火をおこしてみたい」と言い出したことでこの単元は始まった。四年生の子どもにとって火は危険で扱わせてもらえない、あこがれのものとしてとらえられていたようだった。そんな子どもの願いに、だったら、「火をおこして、お料理してみたい」と願いを重ねる子どもが出てきた。子どもたちの既に持っている知識や経験だけでは、わからないことが多かったので、学校図書館で調べながら火の謎に迫っていった。そうやって調べ、考えていくうちに、最初の小さな願いは、だんだん大きく、強いものへと育っていった。火の謎に迫るためにみんなでファラデーの「ロウソクの科学」（註３）を読んだ。この本から火の燃える仕組みがわかり、自分たちで火をおこす方法を考え、調べ、ついに実際の火起こしの実現へとたどり着いた。

火を実際におこして料理に取り組んだ日のある子どもの作文を紹介したい。

「十時三十分頃、なおと、最後の挑戦をした。ロープが手にあたっていたい。腕の筋肉も疲れてきた、もう無理かと思ったけど、これまでのことがよみがえってきて、疲れていたけどがんばった。火種ができた。だけど、火になるか心配でなおと手を組んでじっと見つめていた。炎が見えてきた。なおと抱き合った。今までやってきたことがやっと形になって表れたのだ（中略）パパに、『ほらね、子どもだけでも火はおこせるんだよ！』といってやりたかった」（註4）。

子どもたちの喜びと達成感を感じていただけただろうか。私はこの実践から子どもたちの強い願いが活動の原動力となり、願いの実現のためには情報が必要で、読書や学校図書館の活用が情報収集を支援し、願いを実現していく過程で情報リテラシーを自らのものとしていくのだということを実感した。体系的・組織的な指導はもちろん大切だが、原点には子どもの願いがあることを忘れてはならないと思う。

註1　堀川照代「学校図書館を活用した教育／学習の意義」『明治大学図書館情報学研究会紀要』No.三　二一一一、二〇一二年。
註2　この授業の様子は、放送大学の司書教諭科目「学習指導と学校図書館（二〇一六）」の第11回「総合的な学習の時間における学校図書館活用」の映像教材に収録されている。
註3　マイケル・ファラデー「ロウソクの科学」（一九九九年、プロジェクト杉田玄白 http://www.genpaku.org/candle01/）
註4　前掲、拙著『小学生の情報リテラシー』六九ページ

六章　特別支援教育と学校図書館

特別な教育的ニーズにこたえる教育と学校図書館

二〇〇七年、特別な教育的ニーズに応える特別支援教育が学校教育法に位置づけられた。かつて、盲・聾・養護学校で行われていた教育は、広く通常の学級でも取り組むべき課題となっている。文部科学省の調査によれば、通常の学級に在籍する小中学生の六％程度が軽度の発達障がいを有する可能性があるとの報告もある。この子らへの教育に学校図書館はいかに関わるのだろうか。

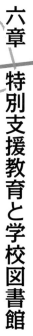

特別支援教育とは？

「特別支援教育」がスタートする前は「特殊教育」という呼称で呼ばれていた。「特殊教育」は障がい者の欠陥を補うための教育として位置づけられていた。しかし現在行われている「特別支援教育」では、障がいによる学習上・生活上の困難を克服し自立を図るための教育とされている。障がいは欠陥ではなく、子ども個々のある特別な在り方ととらえ、その特別な在り方に対する教育的ニーズに応ずる教育を行っていこうというのだ。このような考え方に基づき、実施される特別支援教育は、特別支援学校や特別支援学級で学ぶ子どもたちだけではなく、通常の学級で学ぶ子どもたち—すなわち学習障がい（ＬＤ）・注意欠陥／多動性障がい（ＡＤ／ＨＤ）・高機能自閉症等の状態を示す発達障がいの児童生徒—も含んでいる。現在の学校では特別支援教育はすべての学校で取り組まねばならない実践課題となっている。そして二〇一六年四月一日からは「障害を理由とする差別の解消の推進に関する法律（障害者差別解消法）」が施行された。この法律によって、国、都道府県、市町村などの役所や会社や商店などの事業者が、障がいのある人に対して正当な理由なく、障がいを理由として差別すること、すなわち不当な差別的取り扱いを禁止している。そして、障がいのある人から社会の中にあるバリアを取り除くために何らかの対応を必要としているとの意思が伝えられた場合、負担が重すぎない範囲で対応すること、すなわち合理的な配慮の提供を求めている。学校は新たな対応を求められている。

特別支援教育における学校図書館

特別支援教育における学校図書館が果たす役割は、基本的には、ほかの学校と同様である。すなわち、読書センター、学習・情報センターとしての機能を果たすことが求められる。ただし、特別な教育的ニーズに応じて、これらの機能を果たすための施設・設備、学校図書館コレクションの構築、学校図書館活動が求められる。

例えば、視覚障がいのある子どもに対しては、拡大読書機、コンピュータ（点字ディスプレイや読み上げ機能を備えたもの）、対面読書室といった設備や、点字図書、拡大図書、録音図書、さわる絵本、ＤＡＩＳＹ

図書といったニーズに応じるためのメディア、対面朗読といったニーズに応じるための学校図書館活動が必要となる。

特別支援教育の現状を考えると、視覚障がいのみといった単一の特別な教育的ニーズに応じればよいというケースは少なく、いくつかのニーズが重複する―重複障がい―ケースに対応しなければならないことが多い。そうなると、施設・設備、メディア、学校図書館活動もニーズの幅の広さに応じて幅広く展開し、幅広い対応ができるようにしておかねばならない。このような対応を考えた場合に注目したいのがＤＡＩＳＹ図書とＬＬブックである。

ＤＡＩＳＹ図書とは、Digital Accesible Information Systemの略で、録音図書の代替として作成されたＤＡＩＳＹ録音図書から始まり、その可能性に注目が集まって、音声に文字、画像（静止画・動画）をシンクロさせることができるようになったものである。視覚障がいのある人に対して録音図書の代替となるだけではなく、現在では肢体不自由、知的障がい、学習障がい等の様々な障がいのある児童生徒に対しても利用されている。メディアはＣＤ等で提供されることが多く、専用の読書機やコンピュータで再生することができる（註1）。ＬＬブックはスウェーデンで普及しているやさしく読める本で、内容と言葉、レイアウト、絵、難易度等にガイドラインを設けて作成されている（註2）。

現行の学校教育法では、特別支援学校は小中学校に在籍し、特別な教育的ニーズがある児童がニーズに応じた教育が受けられるように、必要な助言・援助を行うよう、定められている。特別支援学校が持つ教育上の高い専門性を活かしながら、地域の小中学校を積極的に支援するセンター機能が期待されている。この考え方からすれば、特別支援学校の学校図書館は地域で特別な教育的ニーズを持つ児童生徒を支援するセンター機能を期待されているが、野口武悟らの調査によれば特別支援学校の学校図書館は必ずしも期待に応じられる状況ではない(註3)。ともあれ、校内の児童の実態を把握し、個々の子どもの教育的ニーズに応じた教育活動が行えるように学校図書館を整備していくことが重要だ。

特別支援教育における学校図書館の利用の実際

二〇〇九年の秋に島根県八束郡東出雲町立揖屋小学校（現在は松江市）の青空学級・たんぽぽ学級の授業を参観した(註4)。この学級は情緒、知的な側面に特別な教育的ニーズのある子どもが在籍していた。両学級では教育課程に位置づけられた週に一時間の図書の時間が設けられていた。担任の先生は、学級に在籍する四人の子どもの共通の課題としてコミュニケーションをあげられ、大人とのコミュニケーションが主となりがちな子どもたちに、子ども同士のコミュニケーションの場を拓《ひら》きたいと考えておられるとのことだった。実際の授業は、司書教諭と学校司書も加わってティーム・ティーチングで展開していた。担任教諭の意を受けて司書教諭と学校司書が資料や活動を提案し、三者の連携によって図書の時間が展開していた。

図書の時間は司書教諭の品川輝子先生の「今日も二つのお勉強をします」の言葉で始まった。一つ目の学習は学校司書の門脇久美子氏による吉沢葉子再話、斎藤隆夫絵『おおぐいひょうたん』（福音館書店、二〇〇五年）の読み聞かせだった。読み聞かせに入る前に品川先生は「ひょうたんって知ってる？」と子どもたちに問いかけた。ひょうたんがどのようなものか知っているか否かで物語の世界に入っていけるかどうかがきまってくる。そこで、植物図鑑を示し、子どもたちと写真を見ながら確認した。学校図書館は資料の宝庫だ。物語の世界を楽しむために必要な知識があれば即座に探し出し、確かめることができるのだ。読み聞かせが始まると子どもたちは食い入るような視線で絵本を見つめ、時に歓声を上げ、時にため息をつき、すっかり物語の世界にひたっていた。門脇司書の読み聞かせのすばらしさもあるが、子どもたちの実態をよくつかんだ司書による選書の効果を感じずにはいられない。特別支援教育は、ある意味子どもたちの教育ニーズの幅の広さにその特徴があるわけだが、教科書では応じきれない幅広さへの対応も、資料の宝庫である学校図書館であれば可能となるのだ。

品川先生は『おおぐいひょうたん』の物語に関連づけながら、続いてジョン・バーニンガム『ねえ、どれがいい』（評論社、一九八三年）を示された。本のページを拡大したカードを示しながら「私たちも楽しいお食事を考えよう」と投げかけ、「もしできるとしたら、お城でお食事がいいですか？気球で朝ご飯を食べるのがいいですか？川でおやつがいいですか？」と問いかけた。子どもたち一人ひとりに、どれがよいか選ばせながら、選んだ理由をたずねていった。なかなか理由を言葉にできない子どももいたが「なんか、いい感じじってていうか」と懸命に伝えようとする子どもの思いを、教室の皆は共感的に受け止めて話に聴き入っていた。担任の先生は、授業のリードを司書教諭と学校司書に任せることによって、子どものつぶやきを丁寧に聞き取り、わずかな変化も逃さぬよう、注意深く子どもたちの様子を見守り、うなずき、語りかけていた。いくつかの場面について話す中で、子ども同士のやりとりが生まれてきた。子どもたち個々に応じて選ばれた教材の効果なのだろう。どの子も好きな場面や、よりましな（!?）場面を選んでいったが、やすやすというわけではなく、見ていて学びの手応えの感じられるものだった。おだやかでしなやかな対話の時間を、参観した私たちも一緒に楽しむことができた幸せな時間だった。通常の教室では、全国共通に近い教材で、一斉、一律に授業が展開していくことが多いのだが、それでよいのかを考えさせられた。個々の子どもに応じてこそ、よい教育は展開できる、学校図書館はその基盤となる力を持っていることを感じさせてくれる授業だった。

註1　日本障害者リハビリテーション協会「ＥＮＪＯＹ　ＤＡＩＳＹ　ＤＡＩＳＹ　ＤＡＩＳＹって何だろう?」（二〇〇九年）

註2　藤澤和子・服部敦司『ＬＬブックを届ける』（読書工房、二〇〇九年）

註3　野口武悟「特別支援教育における学校図書館の概観と展望」（全国学校図書館協議会『学校図書館』七〇七号、二〇〇九年九月）

註4　この授業の様子は、放送大学の司書教諭科目「学習指導と学校図書館（二〇一六）」の第12回「特別支援教育と学校図書館」の映像教材に収録されている。

七章　情報カードの活用

メモ・付箋・情報カード・ノート

日本で情報カードを普及させるきっかけを作った梅棹忠夫の『知的生産の技術』（岩波書店）が出版されたのが一九六九年だった。以降、梅棹が専門としていた学術研究の分野だけではなく、ビジネスの世界でもB６判の「京大式カード」は活用され、図書館活用教育でも注目され、利用されている。片方の端を指でつまんでも立つ程度の厚さのB６判のカードである。発想・記録・整理・思考・表現と様々な使い方のできる知的汎用ツールが情報カードである。

このような用途に使えるものに、我々は様々なツールを持っている。メモ（用紙・帳）、付箋（ポストイット）、情報カード、ノート等がある。図11のように、これらの機能と利用について考えると、保存性・編集性・構成の度合いが異なることが分かるであろう。保存性で考えればメモ、付箋、情報カード、ノートの順で保存性は高まり、安定的・長期的に保存することができる。しかし、内容を編集するという観点から考えると、内容に一部を付け足したり、削除したりということはノートには難しい。ノートは通常始めから終わりに向

図 11　　**メモ・付箋・情報カード・ノートの特性**

	メモ	付箋	情報カード	ノート
保存性	低い←			→高い
編集性	高い←			→低い
構成性	低い←			→高い

図 12　　**学校で使用する情報カードの例**

タイトルの欄ができるだけ上の端になるように作成するとよい

けて順に記述されていくから、あとから編集することは困難な場合が多い。だが、メモや付箋やカードは、それぞれ単体では改変には制限があるが、複数を組み合わせることによって柔軟な編集性を付与することができる。また、全体の構成ということであれば、ノートは一ページまたは見開きの二ページを単位として、構成を考えて記述することによって、まとまりのある表現をすることができるが、メモや付箋、情報カードは断片的であるので、構成性を高めて全体像を示すことには弱い。これらのツールの特性を考慮した時に、情報リテラシーの獲得の途上にある者にはそれぞれの特性をほどよく備えた情報カードが適切なツールとなる。

情報カードを書く

基本的に情報カードを書く時は、何らかの問題があって、問題の解決のために探究活動が必要な時である。何らかの問題を解決するために、情報が必要になる。その情報源を探して、図書資料やウェブサイト等の情報源から読み取ったことを情報カードに書き、保存するのである。

情報カードは図12に示したようにＢ６判横長のカードである。これは梅棹の京大式カードの体裁を踏襲したものである。外国では三インチ×五インチのもの等様々な大きさのものがあるが、ここでは京大式カードの大きさで話を進めることにする。小学生が入門に使うにはある程度の大きさが必要だが、Ｂ６判は適度な大きさである。図12では罫のあるものを示したが、無地でも方眼の地のものでもよい。小中学校では出典を書く欄を下部に印刷したものを用意していることが多い。ただ、この出典欄は情報カードに調べたことを多く書けるようになると、不要になってくる。一つの資料から複数のカードが書かれるようになると、いちいち同じ出典を書くことは面倒になってくるからである。その場合は、図13のような参考資料リストを作成し、リストの番号を転記することになる。

　さて、情報カードだが、図14に示したように、取り組みはじめは①の書誌情報から順に書いていくことになるだろう。②にはこの情報カードで最も重要な資料を読んでわかったことを書く。自分の言葉で要約して書ければよいが、難しければ、そのまま抜き書きしてもよいだろう。その次に③のタイトルを書く。タイトルはこの情報カードに書かれた情報の要約になる。情報カードが蓄積されて、それらをもとにして、分類等を行う時にはこのタイトルを見て操作を行うので、カードに書かれた情報を端的に示す具体的なものがよい。④はこの情報カードに書かれている②のことを知ってどのようなことを考えたか、感じたか、なぜこの資料を調べようと思ったかなどを書く。実際に子どもたちに書かせると④を書かせることが難しい場合もある。そういった場合は無理をさせずに未記入のままでもよいが、ここを書いておくと、後

図13　参考資料リスト記入用紙の例

参考資料リスト　　　　名前（　　　　　　）

(リストNO)	請求記号	書名など	著者名	発行者(出版社)	発行年
1					
	図書　ファイル資料　その他				
(リストNO)	請求記号	書名など	著者名	発行者(出版社)	発行年
2					
	図書　ファイル資料　その他				
(リストNO)	請求記号	書名など	著者名	発行者(出版社)	発行年
3					
	図書　ファイル資料　その他				
(リストNO)	請求記号	書名など	著者名	発行者(出版社)	発行年
4					
	図書　ファイル資料　その他				
(リストNO)	請求記号	書名など	著者名	発行者(出版社)	発行年
5					
	図書　ファイル資料　その他				
(リストNO)	請求記号	書名など	著者名	発行者(出版社)	発行年
6					
	図書　ファイル資料　その他				

インターネット情報

(リストNO)	確認日	URL /サイト名等	管理者
7		http://	
(リストNO)	確認日	URL /サイト名等	管理者
8		http://	

ほど役に立つ。情報カードを活用して行われる探究活動は、比較的長い時間をかけて行われる場合が多い。そういった場合、情報カードに書かれた情報になぜ着目したのかを子どもが忘れてしまう場合がある。ここに簡単なことだけでも書いてあれば、想起できる。また、分類操作によって思考・表現に取り組む活動をする際に、子どもの集めてきた情報から、どのような表現が構成されるか指導する時に★④印のところに書かれた情報が、子どもの意図を推測するのに役に立つのである。

このようにカードを書いていくには、前提として資料が読めることと、必要に応じた情報を読み取れること、それらを要約できることが必要である。一遍にすべてが完璧にというわけにはいかないが、徐々にできるようになっていくことが必要だ。

このようにして書いたカードが、ある程度の枚数が集まると、それを分類・整理しながら考えることができるようになる。

図 14　情報カードの記入例

タイトル　冠位十二階と十七条憲法　③

②

・聖徳太子は天皇中心の政治を行うために、
役人の心得である十七条憲法と冠位十二階を
定めた。

★実際に効果があったのだろうか。　④

(リストNO)	請求記号	書名など	著者名	発行者(出版社)	発行年	ページ
	261 カ 1	教科書に出てくる歴史人物・文化遺産　1	鎌田　和宏	学研教育出版	2012年	25-27

①

名前(　鎌田　龍　)

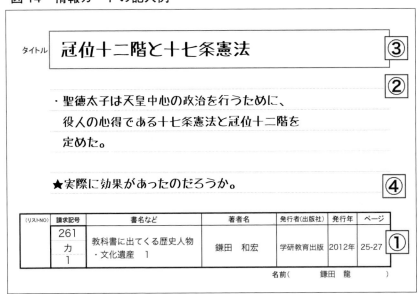

情報カードを分類・整理し考える

情報カードを一覧できる広さのテーブルなどに並べる。広さが足りなければ、タイトルのところだけ見えるように重ねて並べてもよい。このように使うので、タイトルの欄はできるだけカードの上辺ぎりぎりに設けられるとよいのだ。タイトルを見ながら分類を行う。類似したテーマの情報カードを集めたら、それに見出しをつける。情報カードのグループの見出しになるわけだ。それらのグループを眺めながら、グループ間の関係性（順序・包含・対立・因果等）を考える。探究活動を行っているのだから、考える先には問題とその解がある。解に向けて必要な情報が集められているかという視点で眺めてみることも重要だ。情報が不足していれば、また資料を探し、情報カードに書き取っていく。情報カードを利用しながら、ワークシートや思考ツールを使って考えさせる授業を見ることがあるが、情報カード自体が情報を視覚化し、その操作によって思考ツール等の役割を果たさせることができる。ワークシートはその項目に、思考ツールはそのグラフィカルなところに情報を分類・整理し、考えるポイントが仕込まれている。よって情報カードを使って考える際には考える際の視点が明確になることが重要となる。

情報カードを利用して表現する

問題を解決したり、それを表現したりするのに十分なカードがそろったら、必要な情報カードを取捨選択して（ということは、使われない情報カードもある）そのカードをグループ化し、並べながら、表現する際の構成や説明の順序を考える。情報カードの操作をしながら表現を考えることができるのである。もちろんこの作業を始めたところで、情報の不足に気づいて、また資料を集めて情報カードに書き取っていくということもある。レポートや論文などを書く時はもちろんのこと、プレゼンテーションの画面を作成する時等にも利用できる。情報カードを見ながら、作品の構造を考えて構成するのである。

神奈川県相模原市立藤野小学校の元校長の福川裕史先生は情報カードの活用をされていた方で、朝礼で、話をする際に、ストックされた情報カードを数枚選んで、それを見ながら話をされたとうかがった。慣れてくると、その場で表現もできてしまうのである。

情報カードの活用例

大テーマとして歴史上の人物を調べ、情報カードを活用して評伝を書くということを例に考えてみよう。課題設定は、歴史上の人物から誰を選ぶかということになる。ここでは教師が人物例を示して、そこから選択して課題を設定することにして、そこから南方熊楠という人物が選ばれたとする。ある程度予備知識があるから選択されたことが想定されるが、まずは百科事典や歴史人物事典などの参考図書で人物に関する基本情報を調べることから始める。それも複数の事典を調べた方がよいだろう。この参考図書から得た情報をカードに転記し、疑問点やもっと知りたい点を明確にした上で、一般図書を調べていくとよいだろう。たとえば南方熊楠について、事典を調べて次のような解説があったとする。

南方熊楠（みなかた　くまぐす）一八六七〜一九四一年（慶応三年〜昭和一六年）博物学者。和歌山県出身。少年時代は神童と呼ばれるも、大学予備門中退。その後、渡米する。のち英国に渡り、大英博物館にも勤務、『ネイチャー』誌への寄稿を始める。一九〇〇年（明治三三年）帰国後は特に粘菌類の採集・研究にとりくむ。中華民国臨時大総統の孫文との親交があった。一九一〇年前後には政府の神社合祀《ごうし》政策に対し、生態系保護と民間信仰の観点から反対。民俗への関心も深く、「十二支考」等の著作がある。博大な知識をもち、官学アカデミズムの枠におさまらない在野の学者であった。

人物事典の解説文を読むと、人物を紹介する典型的なフォーマットがわかる。この事典だと学者である南方を①人名②人名の読み③生没年④人物の属性（職業等）⑤出身地⑥略歴⑦著作のカテゴリーで紹介している。これをカードに書き取ると以上の七カテゴリーで七枚の情報カードができるが、⑥の略歴のところを出来事ごとに八つに分割して（少年時代のこと、大学予備門時代のこと、渡米時期のこと、英国時代のこと、帰国後の粘菌研究のこと、孫文との親交のこと、神社合祀反対運動をしたこと、民俗学に造詣の深かったこと）合計一四枚のカードを作成してもよいだろう。基本は一枚の情報カードには、一つの事柄を書くことであるが、参考図書の情報は基本情報なので、一枚に書き写してもよいと思う。私は大学生に指導する際には解説項目を縮小コピーして一枚のカードに貼ってしまい基本情報カードにするとよいと話している。

これら一四枚のカードを手がかりに、一般図書を探して読んでいくことになる。学校図書館の目録や図書館のＯＰＡＣで文献リストを作成し、一つずつ探して読んでいく。リストをつくった段階で、調べることに関する基本図書が見つけられれば、その本はざっと目を通してからほかの本にあたるとよいだろう。基本図書の見つけ方は、百科事典等の項目執筆者の書いたものや関連の本から多く参照されているものであるが、初めて触れる者にはわかりにくい。司書にレファレンスを求めて、最初の一冊が決められるとよい。その一冊を読み、参考図書で得た情報を肉づけしていくような情報に出会い、情報カードが何枚も書かれることだろう。そしてほかの本を読んでいくわけだが、この時に、調べるための読書の指導を受けていないと、手に取った一冊一冊を端から端まですべて読まなければならないのではないかと途方に暮れる者が出てくる。目次・索引・まえがき・あとがきをざっと見て、必要箇所に目を通してから、全体を読む必要のある本は全体を読むということを教えておきたい。

参考図書を調べ、一般図書を複数冊読むと情報カードが貯まってくる。そこを見計らってカードの分類整理を試みる。目安は一般図書を二〜三冊読んでからということになろうかと思う。まずは、カードの仲間分けを行う。南方熊楠の場合、①神童と呼ばれた和歌山の少年時代②大学予備門時代の挫折③渡米時期の破天荒なふるまいと植物研究④大英博物館での研究⑤『ネイチャー』に論文を寄稿したこと⑥民俗学への造詣の

図 15　カードの分類整理・取捨選択と思考

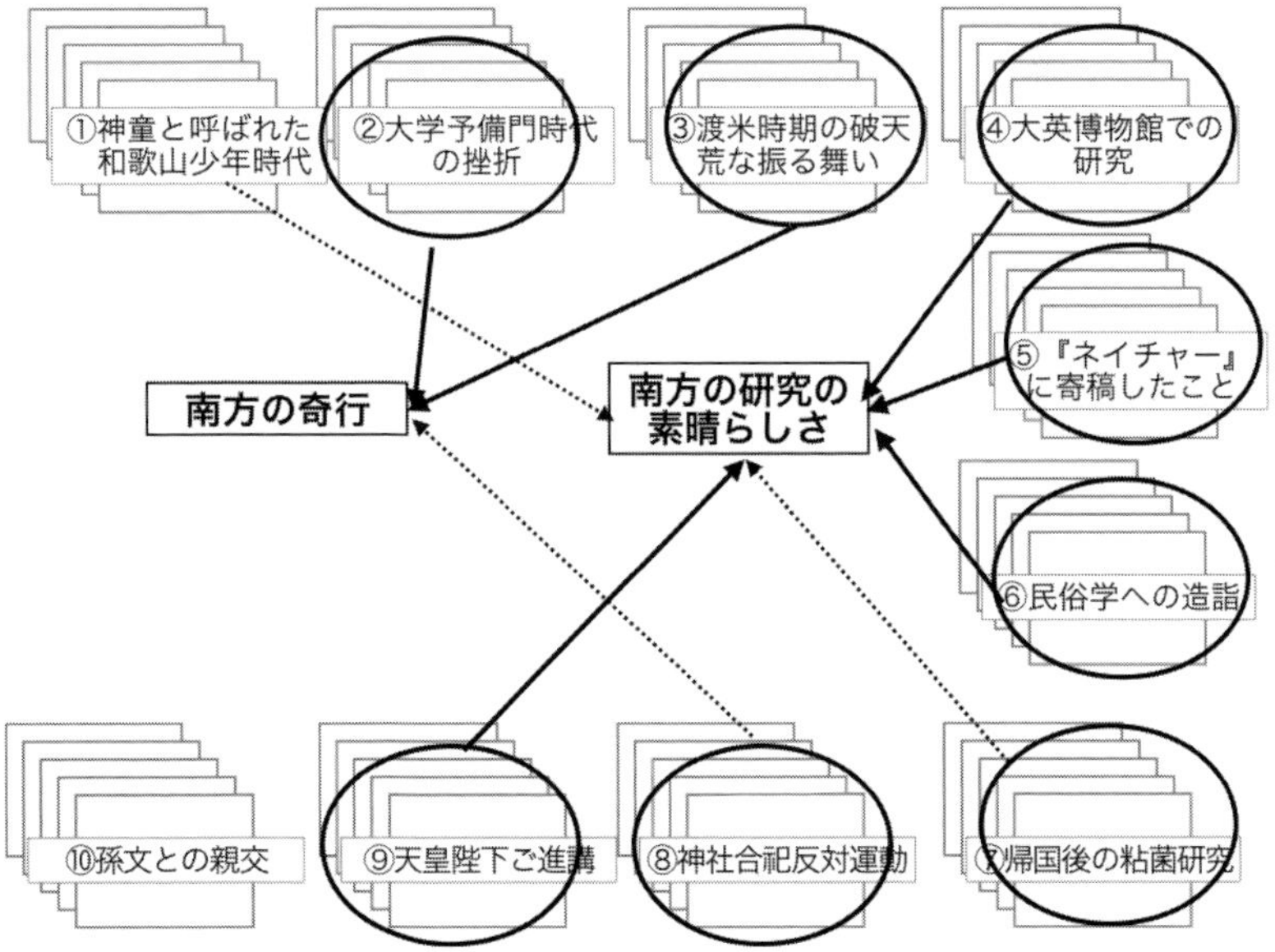

深さ⑦帰国後の粘菌研究⑧神社合祀反対運動⑨天皇に業績を認められ御前で講義をしたこと⑩孫文との親交の一〇のグループができた。

このグループに図15の①〜⑩のような見出しをつけながら、不足している情報はないか、グループ相互はどういう関係があるかなどを考え、レポートの構成を考える。グループすべてを使い、一〇の章立てをして、これらすべてについて書いていくことも考えられるが、今回は短いレポートの作成が課題であったとしよう。そうなると、南方熊楠について、自分が評したいことを中心に彼の行ったことを説明するために情報カードの取捨選択を行う必要が出てくる。南方の生涯について簡単に紹介したのち、一〇のグループから紹介の中心になるエピソードをピックアップすることになる。本を読むうちに、南方の卓越した知見に比し、彼が評価されていない原因がいくつかあることに気づく。世界的な科学誌のネイチャーに南方は東洋の星座等の多くの論文を寄稿した。しかし、当時の研究者は官学出身者によって占められていたが、南方がそのような経歴を持たなかったこと。また、アメリカ・イギリス時代の乱暴な振る舞い・奇行等があったこと。帰国して、自然保護の観点から神社合祀反対運動を展開し権力と対立したこと。これらが南方が正当に評価されない理由ではないかということだ。南方の研究のすばらしさを伝えるためには④⑤⑥のグループから何枚かの情報カードを選び―その前史として①からも何枚かのカードをピックアップする必要があるかもしれない―、南方があまり評価されなかった理由として②③⑦等から数枚の情報カードを選び、最後は⑨のグループから情報カードを選んで晩年には生物学に造詣の深かった昭和天皇が南方の学術業績に注目し進講を行うといったこともあり、彼の晩年・没後には南方を評価する人が現れるようになったことを示し、南方を肯定的に評価するという構成がつくられていく。このようにカードを操作しながら思考していくのである。そして、この構成に基づいてレポートを書けばよいのである。

八章　新聞・映像資料の活用

多様な資料を収集する

学校図書館の多くでは、まだまだ資料としての整備に課題があるが、公共図書館は図書資料以外の資料を潤沢に備える時代となってきている。新聞・雑誌、紙芝居はもとより、地図や写真、その他無料で配布される冊子や冊子にはなっていない資料を組織化したファイル資料、カセットテープ、CDなどのメディアで提供される音声資料、ビデオテープ、DVD、ブルーレイなどのメディアで提供される映像資料。全国学校図書館協議会の調査によれば平成二七年度の平均図書費（年度当初に組まれた予算）は小学校で平均約四五万円、中学校で六四万円とのことである。予算の限られた学校図書館では限界もあるだろうが、多様なメディアに触れ、その読み方を学ぶ機会をつくる意味でも、いくらかずつでも収集しておきたいものである。

学校には、様々な団体から無償で資料が送られてくる。私が小学校で社会科主任をしていた頃は―景気もよかった頃でもあり―その数に驚いたものだ。企業等が社会貢献を考えて作成する様々な資料には、教材となるものも多くある。もちろん出資する団体等の意向を色濃く反映している資料もあり、鵜呑《うの》みにすることにはリスクがあるが、そもそも情報メディアで発信される情報は制作者の意図で編集されているものである。公的な機関が副読本として出していたものであっても、そのようなリスクがあったではないか。要は受け手である読者が批判的に読めるようになっていることが大切なのである。そうであれば、それらも貴重な資料となりうるのである。まずは学校に送られてくる様々なものに目配りをしてはどうだろうか。保管する場所が異なってもよい。学校図書館の目録に情報を集約するようにしておけば、検索して資料にたどり着いて有効に活用できる。

また、教育活動が展開する中で教職員が集めた情報についても目配りすることが重要である。学校図書館の目的は教育課程の展開に寄与することである。教育課程の展開過程で教職員が集めた資料は、当然有用な資料であろう。大人が集めた資料であるから、子どもが読むには困難なものもあるかもしれないが、教員支援の資料として収集するということも重要である。見学・遠足等の校外行事で入手したパンフレット等は、次年度でも役に立つことが多いだろう。私が学校図書館の担当であった時は年度末に職員室で不要になった資料をいただきたいと声をかけておいた。かなりの資料が集まった。もちろん、使えるものばかりではないから、捨てるものもあったが、それは事前に話した上で不要なものは処分した。集まったものをもとにファイル資料を作成し、学校図書館に備えて活用した。図書以外のメディア資料も活用実績がないと予算請求をしても認められないだろう。無料のものから始める手もあるのではないか。

メディアに応じた読み方を学ぶ　―新聞・雑誌―

学校図書館に新聞は備えられているだろうか。職員向けに購読しているところは多いと思う。予算がなければそれを活用することも考えなければならないが、学習指導要領でも新聞の活用が示されるようになり、図書予算とは別に新聞予算を組む自治体も出てきている。子ども用の新聞をどのように利用に供しているだろうか。学校図書館において閲覧を促す、新聞を読むために来館を促すという手もあるだろうが、関係のありそうな学年・教科教室の近くにコーナーを設け、一定期間の過ぎたものは学校図書館で保存し、また一定期間が過ぎたところで、必要な記事をスクラップ等して廃棄しているのではないか。重要なことは子どもたちの身近に置き、日常的に目を通すようにできることであるが、新聞というメディアに応じた読み方を学ぶことによって活用はより進んでいく。

新聞を読めるようになるには、まず新聞というメディアの特性をつかみ、その構造を理解することが重要である。

新聞は日々起こる事件・事故や政治・経済・国際情勢などのニュースを伝えるメディアである。新聞を制作する側が、価値あり―ニュース・バリューがある―と認めたニュースをもとに紙面を構成する。事実を報道する記事が多いが、まずは無数にある事実から特定の事実が選択されているということに留意すべきである。これは、複数の新聞を比較することで理解できる。

記事にも事実を伝えるものと、事実をもとに書き手の意見を加えた社説やコラムのような記事もある。たいていの記事は、5W1Hのような基本情報が書かれ、重要度の高い情報から、次第に詳細な情報が加わっていく(図16)。事実だけではない記事についてはどこまでが事実でどこからが意見なのかを区別しながら読む必要が出てくる。

また、紙面構成の仕組みも知らねばならない(図17)。紙面は右上から左下に向かって重要度に応じて配置されている。特に一面の一番右上に配置された記事をトップ記事といい、その日のニュースで一番重要な記

図 16

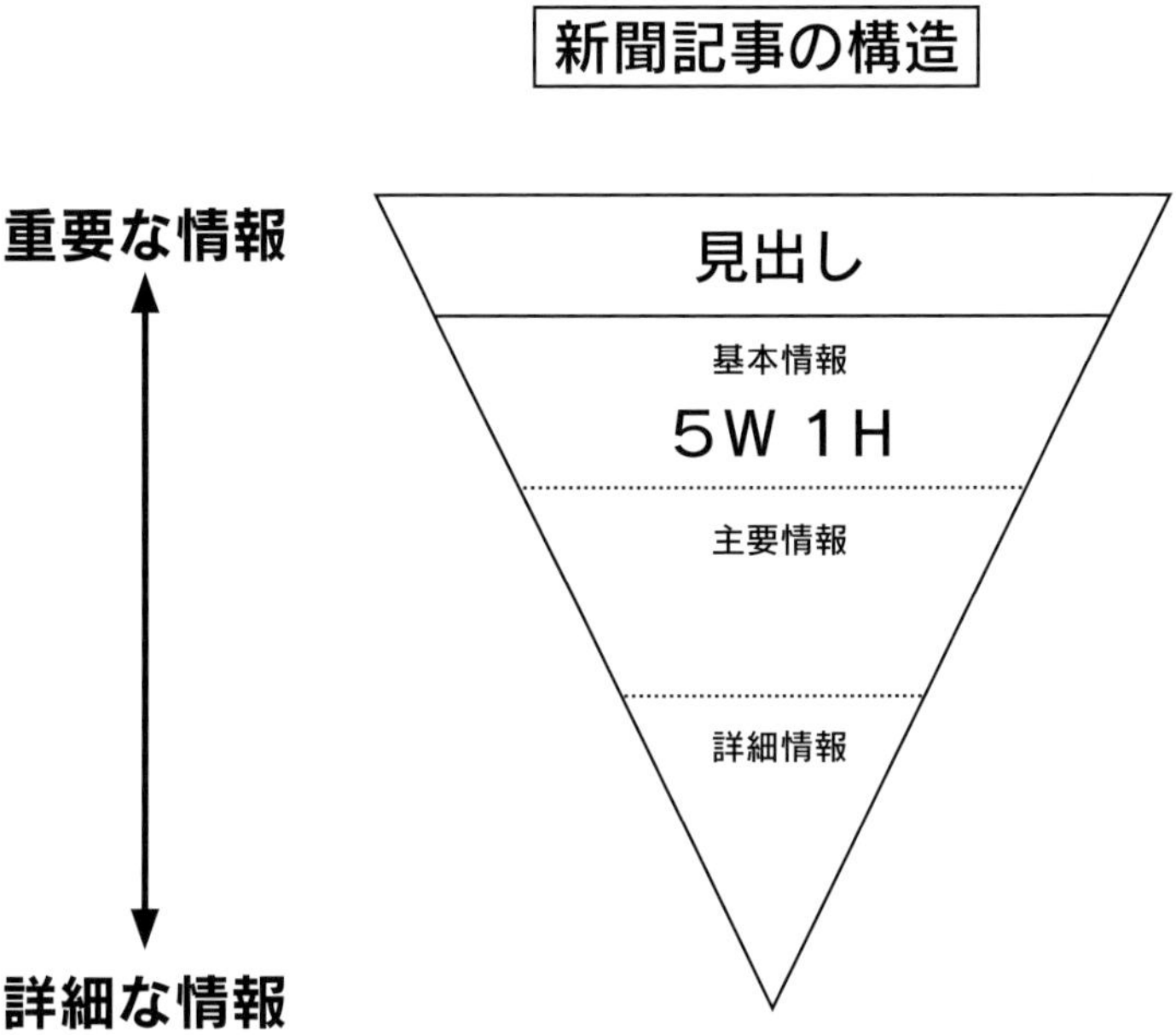

事が配置されている。学校図書館で複数の新聞を購読していれば一面を見比べただけでも、それぞれの新聞社がどのような考え方でニュースを選んでいるのかわかるだろう。

そして、新聞は早くニュースを届けることに重きを置いているので、不正確な報道をすることがある。初めに報道されたニュース記事（第一報）だけで判断するのではなく、その後の報道（続報）も見ながら判断することも大切である。ただ、現在では新聞よりもニュースを早く伝えるラジオやテレビ、インターネットのニュース配信サービス等のメディアが発達してきているので、取材してから構成し、印刷して配布する新聞は、早さの面では前掲のメディアにはかなわなくなってきている。そこで、新聞は早さを追究しつつも、ニュースをわかりやすく解説する方向にメディアとしての重点を移しつつある。解説には意見が交えられることもあり、それについても注意したい。また、紙面構成の仕組みがわかっていれば、その日のニュースの重要度を直感的につかむこともできる。

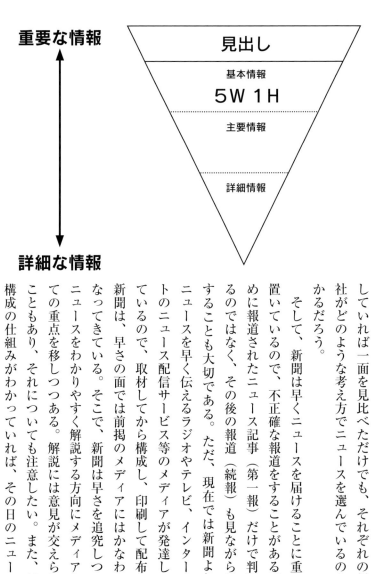

図 17　新聞紙面の構成

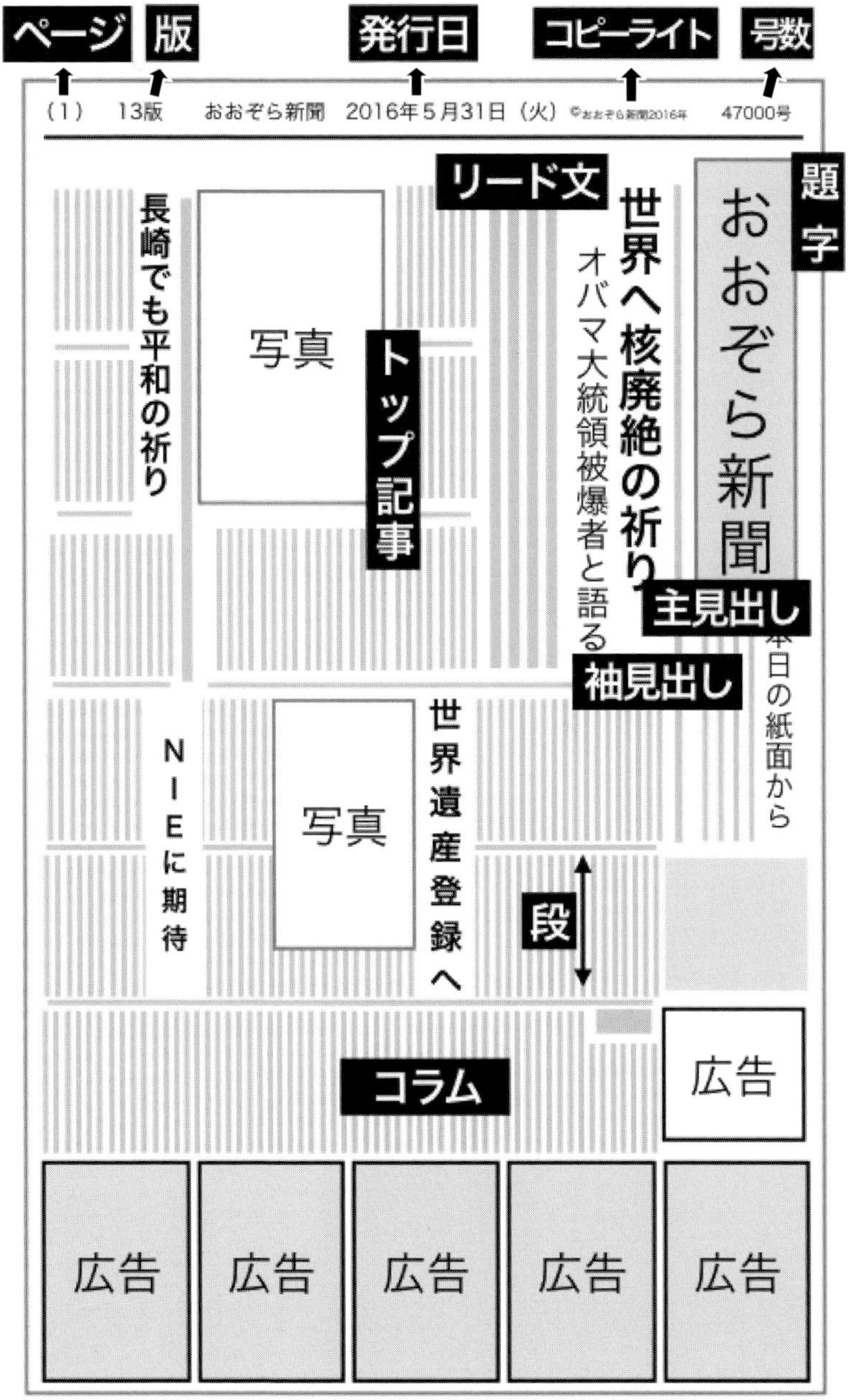
ページ
版
発行日
コピーライト
号数
（1）　13版　おおぞら新聞　2016年５月31日（火）©おおぞら新聞2016年　47000号
題字
おおぞら新聞
リード文
世界へ核廃絶の祈り
主見出し
オバマ大統領被爆者と語る
袖見出し
本日の紙面から
トップ記事
写真
長崎でも平和の祈り
写真
世界遺産登録へ
NIEに期待
段
コラム
広告
広告
広告
広告
広告
広告

雑誌は新聞ほどの速報性はないが、新聞よりも時間をかけて取材した記事を掲載している。雑誌によって得意とする分野は異なるが、新聞よりも、継続性・全体性のある記事を掲載していることが多い。インターネットの情報サービスが発達してきて、雑誌の発行部数は減少してきているが、特定分野の情報を収集するのには便利である。

映像資料

映像資料は、視覚に訴え、直感的に理解できる、わかりやすいメディアである。資料として潤沢に整備している学校図書館はまだ少ないが、教育利用を考えると有用性の高いメディアである。映像資料も、制作する側の意図が色濃く反映している情報メディアであるが、映像の特性で、見せられたものをその事実であると受け入れやすい。また印象にも強く残る。そのような特性を持つ情報メディアであることを理解しつつ、映像資料を批判的に読み解くスキルを身につけなければならないだろう。学校図書館に入る情報メディアは磁気テープやDVDなどの物理メディアに情報を書き込んだパッケージ型の情報メディアであるが、これからはインターネットでストリーミング配信される映像についてもどう扱うのかを考えていかねばならないだろう。首都圏の中高生はテレビを視聴する時間よりもインターネットを利用する時間の方が長くなっているとの報告もある。SNSだけではなく、動画の配信サイトを見ている時間も長くなってきているようだ。情報を動画から得る割合もより高まっていく。映像資料を読み解くスキルの重要性が一層高まっていく。学校図書館は情報リテラシーを育てる拠点として、映像資料の読み解き方の指導についても考えていかねばならない。

九章　ＩＣＴの活用と学校図書館

ＩＣＴは図書館活用の敵か？

情報活用能力の育成を念頭に置いて、読書指導や学校図書館の活用を考える時に、必ず話題となるのがインターネットやＩＣＴ機器の活用との関係のことである。「なぜ、今さら学校図書館なのか？」とか「インターネットを整備したのだから学校図書館ではなくインターネットで調べればよいのではないか？」とか「学校図書館には必要な資料がないので……」等々、ＩＣＴ機器の整備やネットワークの整備の方が大切だ、有用だというようなことをよく聞くのではないだろうか。

実際に限られた財源をＩＣＴ機器の整備や、それをサポートする人にかけ、学校図書館の整備には力の入っていない自治体も多く見受けられる。ＩＣＴ機器やネットワーク環境を整備すれば学校図書館の整備は不要だと捉えているようである。

果たして、ＩＣＴ機器やネットワーク環境の整備を行えば学校図書館の整備・活用は不要なのだろうか。

答えは否である。少なくとも現時点では、インターネットの利用環境を整備したからといって学校図書館が不要だということにはならない。

ＩＣＴの活用は何を目指しているのか

ＩＣＴ環境の整備は情報教育の推進のために行われており、情報教育の目標は情報活用能力の育成にある(註１)。情報活用能力は①情報活用の実践力②情報の科学的理解③情報社会に参画する態度である。この情報活用の実践力は、課題や目的に応じて情報手段を適切に活用することを含めて、必要な情報を主体的に収集・判断・表現・処理・創造し、受け手の状況などを踏まえて発信・伝達できる能力のことであり、これは図書館活用教育が目指す情報リテラシーとも大きく重なるものである。しかし、実際のＩＣＴを活用した教育実践は、ＩＣＴ機器の操作に重点が置かれることが多い。機器を活用して集められる情報の質や、それに基づく思考・判断・表現の内容や質までが問題とされることは極めて少ない。

学校図書館とＩＣＴの違いは？

情報教育の目標と図書館活用教育の目指すものが似ているわけであるから、前述したように、ＩＣＴ機器やネットワーク環境を整備したら学校図書館の整備は不要であるとの考え方が出てくるのは無理もないということになるのだろうか。

現状からすると、ＩＣＴ機器やネットワーク環境の整備で情報活用の実践力が育てられるかといえば、それは難しい状況である。

かつて『インターネットはからっぽの洞窟』（註2）などという本が出版されインターネット上には有用な情報があまりないと言われていた頃から事情は変わり、実に多くの情報を探し・見ることができるようになっている。しかしその情報の質が問題なのである。

何か調べたいと思った時に、子どもたちにとってインターネットは、手軽にそして素早く調べられる身近な道具となっている。検索エンジンのウェブサイトを探し―といっても最近は大抵のコンピュータのウェブブラウザーの最初の画面に検索エンジンが使えるようになっている―検索語を考え、それを入力することができるだけで何かしらの回答が得られる。その回答で示された求める情報の掲載されているサイトが、自分の知りたかったことに応えてくれるものか、またそこで示された情報が正確なものかは不確かである。本当は検索語の設定の仕方や、ａｎｄやｏｒ検索などの検索スキルによって、表示される検索結果は異なってくるのだが、そこまで知らなくとも、なんらかの検索語を入れることによって反応がある。また、ウェブサイトは誰でも作成できるので、そのサイトで発信されている情報の質の吟味はサイトを閲覧する人の力量にゆだねられている。多くのウェブサイトは一般に向けて作成されているので一応読めるだろうが、理解できるか否かも閲覧する者の力量によっている。

しかし、何か答えが返ってくるということは大きい。

学校図書館で知りたいことを調べたいと思って、キーワードを胸に来館したとしても、資料の探し方を知らなければ回答を得ることはできない。資料の探し方も、検索エンジンにキーワードを入力するような簡単なものではない。学校図書館の資料がどのように秩序づけられ分類整理―ＮＤＣによって―されているのか、そしてそれがどのように館内・棚に配置されているのか、参考図書と一般図書の違い、調べることを意図されてつくられている本の構造（目次・索引等）等を知った上でないと探すことは困難であろう。なおかつ求める資料がそこに所蔵されていなければすぐに回答を得ることは困難だ。

　このように学校図書館で資料を手にするまでのステップを書き出していくと、ウェブの検索に比べて知らねばならない知識や技能の多さがかなりのハードルになっていることがわかるであろう。しかし、ウェブで探す技術は、視覚化されわかりやすくなってきているとはいえ、抽象度の高いもので、真に使いこなすことは難しい。それに比して学校図書館は本などの資料が実際に並べてあり、探す行為自体も身体性を伴う具体性が高い行為であり、人にとってわかりやすいものである。また、資料が所蔵されていれば、それは学校図書館スタッフによって選書された一定の質を保証された資料であり、確実なものを手にすることができる。また、選書の過程で、その学校の子どもにとって読みうる・理解しうるものであることも考慮されているだろうから、わかりやすさも同時に保証されているだろう。

　学校図書館に人が常駐していれば、このような学校図書館を使って資料を探すハードルの高さはずいぶん軽減される。資料を求める者の力量を見定めて、なおかつ、そのものの学習者としての成長も考慮しつつ適切な支援―レファレンスサービス―が得られることであろう。学校図書館法の改正で学校司書の配置が進みつつある現状も考慮したい。

学校図書館とＩＣＴは補い合うもの

　ＩＣＴ機器を使った検索の初期のハードルの低さと回答性の高さは、学習者にとって魅力的である。しかし、子どもたちが情報を求めて利用するには、得られた情報の質とその理解しやすさを考慮すると学校図書館の方に優位さがある。インターネットの技術は刻々と進化していくので現段階は、と限定する必要はあるだろうが、私は学びの身体性を考えると、かなり長い将来にわたって学校図書館の優位性は覆らないように思っているが、皆さんはどう思われるだろうか。

事実、よく整備された学校図書館を持っている図書館活用教育先進校の子どもたちはインターネットよりも図書館で調べる方がよいと言っている。そういった学校の子どもたちには、図書館活用教育によって資料の探し方が自然に使える技となっているので、自分の求めに応じて自然と体が動いている。そして、何より図書館の資料はわかりやすいというのである。図書館は利用者に合わせて吟味され、整備された場であることが、よく使う子どもたちには体感されているのであろう。そういった経験をしている子どもたちにとってインターネットは無秩序な密林のようなものとして捉えられているにちがいない。手軽さはあるが、密林を切り開く技術は発展途上である。むろんそれ故の面白さもあるのだが。

情報技術の進化を見ているとＩＣＴを利用したものになっていくのは必然のようである。ニコラス・ネグロポンテがかつて予言したように、ビット（情報）で表現されるアトム（物質）は、いずれすべてビットで表現されていくのであろう。しかし、そのビットで表現しうるものに関する技術は、まだまだ未熟で、発達の途上にある子どもとその成長を手助けする者にとって手堅いものとなっていない。本というアトムのものを利用して示される情報やそれを集積した図書館の利用に慣れながら、インターネットという仮想空間のビットの情報を利用していくことに慣れていくことがよいのだろう。少なくとも現段階では。そういった意味でＩＣＴ活用は敵ではない。情報の扱い方を指導するものとしてＩＣＴを活用できるようにしておきたい。

註１　文部科学省『教育の情報化に関する手引』（開隆堂出版、二〇一〇年）
註２　クリスフォード・ストール（草思社、一九九七年）

第三部

実践校から学ぶ

●山形県鶴岡市立朝暘第一小学校

図書館活用教育で情報リテラシーを育てる学校

図書館を活用して情報リテラシーを育てる教育実践に取り組んでいる学校は？と考えると、紹介すべき学校はいくつもあるかとは思うが、私が真っ先に思いうかべるのは山形県鶴岡市立朝暘第一小学校だ。私立学校の中には、豊富な教育資源を生かし魅力的な実践を行っている学校がある。そのような学校の実践事例を紹介すると「私の学校とは環境が全く違うので、ちょっと参考には……」との言葉を聞くことが多い。学校によって、置かれた環境・条件はそれぞれ異なるのだから、単純にまねをすればよいという学校はどこにも存在しないのだが、公立学校と私立学校の差は大きいので、そういう言葉もわかる気はする。参考にできる・できないは、視点の問題だと思うが、まずは公立学校の事例を紹介したい。

朝暘第一小学校（本田淳校長、以下一小とする）は図書館活用教育に学校をあげて取り組み、二〇年が経過している。公立の学校が、一つの研究主題に取り組んで、これだけ継続的に実践を展開しているのは、全国的に見ても大変貴重である。そして、おそらくこの図書館活用教育を核にした一小の実践は、今後も続いていくであろうと思われる。

まずは学校図書館改造から

一小の図書館活用教育について知るには、同校編著・高鷲忠美解説『こうすれば子どもが育つ学校が変わる　学校図書館活用教育ハンドブック』（国土社、二〇〇三年）をぜひ手に取ってほしいと思う。この本の巻末年表によると、一九九五年に山形県教育委員会の「明るく楽しい学校づくり実践校」推進事業の指定を受けて、「子どもの生活と学習を豊かにする図書館づくり」（三カ年計画　第一年次）・「読書の生活化と学び方を育てる学習資料センター機能の整備と図書館教育の充実」に着手したとある。ここから、学校をあげての実践が始まったわけだが、その前年から学校司書の五十嵐絹子氏や有志の教師たちによって、子どもに読書を勧め、情報リテラシーを育てる教育実践の端緒は開かれていたそうだ（註1）。

一九九四年に五十嵐先生が一小に着任された時、図書館は給食調理室を改造した倉庫のような部屋であったという。そこで学校図書館を改造して、子どもを引きつける魅力的で利用しやすい図書館づくりに取り組まれた。この時の学校図書館改造で注目したいのは「頼りになる図書館」にするということと「働きかける図書館にする」ということである。

「頼りになる」とは、図書館に来館した子どもや教師が「図書館に行けば何とかなる」と信頼を寄せてくれるように、レファレンスでは丁寧に対応するということがあげられている。また、必要な資料が探しやすいように目録カードや参考図書目録を整備した。この目録カードは健在で、今でも一小の子どもたちは何か資料を探すときには、さっとカードボックスの前に立ってカードを繰っている。また教科の単元ごとに構成された冊子体の参考図書目録は、私も一小を初めて訪問した時に、「これはいい！自分の学校でもほしい」と思ったものだ（註2）。現代はICTの時代なので、目録カードではなく、電子目録の方がよいのではと思われる方もいるかとは思う。確かに多くの公共図書館では目録は電子化され、近年整備に着手した学校図書館でも目録は電子化されている場合が多い。しかし、電子目録は、ピンポイントで必要な資料を探せる反面、関連資料を身体的に感じ取ることは難しい。目録カードを繰った経験のある子どもは、その資料の周辺に関連する資料があることを知り、また、調べていたこととは異なるけれど、興味深い資料の存在に気づくなど、いわば検索感覚を育てるような経験をすることができる。維持のコストからすると電子化はやむを得ないのかもしれないが、学校図書館が教育機関の附属図書館として、やがて公共図書館や専門図書館を利用していく入り口を拓いていく役割を担うとすれば、検索感覚を育てるという意味で、コレクションの一部でもよいので、目録カードがあればと思う。一小に行くとそのよさが実感されるので、ぜひ訪れてみてほしい。

また、利用を待つ学校図書館から働きかける学校図書館にしていこうとしたことは、大変重要なことではないだろうか。子どもへの働きかけも重要で、人のいる学校図書館ならではのことだが、教師たちへの働きかけもそれと同様に重要だ。教育活動を中心となって進めていく教師たちは、意外かもしれないが学校図書館の活用方法を知らない。教員養成の過程で学ぶことはまれだし、現職に就いてからも研修等で学ぶことはまれだからだ。子どもにどうやって読書を勧めればよいのか、どうやって学校図書館を活用して授業を行うか等、学校図書館から出て働きかけていかないと学校図書館に人は集まらない。一小ではそこを改革する働きかけをしてきたのである。

学校経営の中核に位置づく図書館活用教育

このような実践が加速化し、安定的なものとなるのは竹屋哲弘校長の着任以後となる。竹屋校長は、学校図書館の活用を学校経営の基盤として位置づけ、学校図書館の活用が行いやすいように教育課程を編成し、学校組織を改革して実践を進められた。教育課程に位置づけることによって、実践は継続的に行われ、また組織の改革によって仕事が整理され、焦点化して実践に取り組めたのではないか。竹屋校長以後、富樫校長、難波校長、本間校長、そして本田校長と五人の校長が図書館活用教育は教育の基盤となるものだと認識し、リーダーシップを発揮して実践をつなげてきた。管理職の理解が、引き継がれてきたことの意味も大きい。実践が継続されることによって、地域の理解と信頼も高まっている。学校図書館の活用から生涯教育を視野に入れた図書館活用教育へと発展してきている。一小といえば、読書・図書館活用というイメージも地域に定着してきている。

総合的な学習の時間でわかる真価

一小の子どもたちの学ぶ姿を見ていて、すばらしいなと思うのは、読むことを苦にせず、楽しそうに読書する姿から生み出される、質の高い学びである。初めは読むことが得意でなかった子どもも、学校をあげた読書指導で、苦手を克服し、読むことが楽しくなっていく。読書の習慣を手に入れた子どもはどんな分野の学びであっても、その強みを発揮することができる。参観した授業は国語が多いのだが、学ぶ力の総合力が一番見えてくるのは総合的な学習の時間ではないかと思う。

第二部第五章（九〇ページ～）でも紹介したが、六年生の総合的な学習の時間での子どもたちの学ぶ姿は圧巻であった。この子らが将来どのような活躍をするのか、楽しみだ。私は毎年訪問しているが、ぜひ一度訪れていただきたい学校だ。

註1　五十嵐絹子『夢を追い続けた学校司書の四十年―図書館活用教育の可能性にいどむ』（国土社、二〇〇六年）。この他に、前掲の朝暘一小の著作を参照されたい。
註2　拙著『先生と司書が選んだ　調べるための本』（少年写真新聞社、二〇〇八年）の原点は朝暘一小の参考図書目録である。

●島根県松江市立揖屋小学校

図書館活用先進県、島根県の先頭を走った揖屋小学校

松江市立揖屋小学校（濱田啓文校長、二〇一四年当時）は、全校児童が約四〇〇人、一五学級（各学年二学級、特別支援学級三学級）、教職員数二七名（二〇一二年度）の学校だ。二〇一一年に町村合併により松江市となったが、それまでは八束郡東出雲町の町政下で教育活動を行っていた。旧東出雲町は人口約一万四〇〇〇人、小学校三校、中学校一校の町だ。揖屋小学校が図書館活用教育に取り組むきっかけとなったのは、町の教育政策によるものだ。当時の町長であった鞁嶋弘明氏（故人）は、かつて県立高校の数学教師をされていたが、進路指導に取り組まれた際に、伸びる生徒は読書をしていることに気づかれたそうだ。その後、県の教育委員会、校長を勤められ、東出雲町の教育長に就任された時に、読書指導、学校図書館活用を施策の重点に位置づけた（註1）。だから当初の揖屋小学校の学校図書館活用は、教育委員会の支援が背景にあった。教育委員会が推進する施策だから、当然各学校の管理職も学校図書館活用の重要性を認識しており、学校経営の重点に位置づけていた。また、物的・人的環境整備にも応分の予算が割かれ、学校図書館の整備・充実はもとより、人のいる学校図書館が具現化され、専任の学校司書が配置され、校内の工夫で専任の司書教諭が配置された。揖屋小では、その後、一時は県の学校図書館活用推進によって、加配教員枠を得て専任の司書教諭を配置していたが、その事業が終わっても、校内の工夫によって専任の司書教諭を配置し続けてきた。それ

は、学校が専任の司書教諭を置く教育効果を実感しているからである。揖屋小の図書館活用教育は、残念ながら、東出雲町が合併され、教育行政が広域化し、支援が弱まることによって次第に後退していったが、私が最初に訪問した二〇〇七年度から最後に訪れた二〇一四年度までは、三代の校長が教育活動をリードされ、図書館活用教育が実施しやすいように、専任の学校司書・専任の司書教諭の体制を維持し続けた。いずれの校長先生も図書館活用教育の意義と効果を認識されているからであった。

学校研究に位置づけ、活用が加速

私が揖屋小学校を訪れたのは、活用が始まった二〇〇七年の秋だった。当時筑波大学附属小学校に勤務していたが、高鷲忠美先生（東京学芸大学教授：当時、現八洲学園大学）に誘っていただき、揖屋小学校を訪問した。この年が揖屋小学校が図書館活用教育に本格的に取り組まれた初年度だった。その前年である二〇〇六年度末には専任の学校司書である門脇久美子氏が着任していたが、二〇〇七年は熱心な教師が数人存在しており、授業でも学校図書館を活用しようとしているが、まだ学校全体のものにはなっていないのでは？という感じであった。

ところが、翌年訪問した時には状況は一変していた。初代専任司書教諭の品川輝子先生は、前年の授業の時には手探りで授業に関わられている感じであったが、二〇〇八年は、はっきりとした目的意識と指導方法を持ち、学校司書の門脇久美子先生や学級担任の先生と協力して指導にあたられていた。

一年で急速に発展を見せたのは、先進校である朝暘一小の事例を丁寧に学んだことと、学校研究のテーマとして図書館活用を位置づけたことが要因であろう。研究主任であった梶田尚子先生が強力なリーダーシップを発揮され、全教員が自分の課題として図書館活用教育に取り組む体制をつくられた。授業づくり部、読書指導部、環境整備部と分担をしつつ、研究授業の授業実践を核にして学校図書館の活用とはどのようなものか、どうしていけばよいのかを全教職員で検討していったとのことである。

また、全教職員の目を学校図書館に向けるために、学校図書館の資料のデータベース化、図書館クイズの作成による利用指導の確立、また、全教職員による本の紹介活動に取り組んだことも大きな効果があったとのことだった。

揖屋小の図書館活用教育の二本柱

揖屋小学校の学校図書館活用の柱は読書指導と情報リテラシーの育成にある。

読書指導では、子どもたちが読書に親しみ、本を読む楽しさを知り、豊かな心を育てるとともに、学習の基礎となる、確かな読む力をつけることに取り組んだ。

この読書指導を基礎として情報リテラシーの育成に取り組んだことが重要だ。東出雲町では、町の小中学校四校で小中一貫の「情報・メディアを活用する学び方の指導体系表」(註2)を作成し、各学校がそれをもとに各教科等の年間指導計画を作成し、実践を行ってきた。東出雲町の三校の小学校は、それぞれが地域や児童の実態に応じた個性的な教育活動を行っているわけだが、この共通の指導体系表をベースに各教科の授業実践を行うことによって、いずれの学校で学んでも共通に情報リテラシーが育てられるようにしたのである。この指導体系表は、全国学校図書館協議会の体系表をもとに、東出雲町の実態に合わせて作成されたものので、四校の実践から体系表を見直し、加筆・修正を繰り返しながら実践を進めた。カリキュラムマネジメントである。それぞれの学校の校内研究会等で学校図書館を活用した授業が行われると、相互に参観し、検討を共にしながら実践を進めていったので、加筆・修正も机上の議論にはならなかった。また、三校の小学校の卒業生は、東出雲中学校に進学するように学区が編成されていたので、中学校に入学してくる子どもの姿を見れば、各小学校で取り組んだ図書館活用教育の成果が実際の子どもの姿でわかるのである。

このような丁寧な実践研究を基盤に作成された指導体系表は、現在松江市の学び方指導体系表に引き継がれている。この成果が松江市すべての小中学校で活かされるとよいのだが。今後の展開を見守っていきたい。島根県は現在、県をあげての読書・学校図書館活用を進めている県として注目されている。揖屋小学校や東出雲町の実践の経験は、そのモデルとなるものとして県内で継承され、活用されていくことだろう。

力をつける揖屋小の子ども

図書館活用教育に取り組む学校を訪問し、授業を参観すると子どもたちの言語活用の能力の高さに驚かされた。校庭でボールを追うように、学校図書館で調べることを楽しみにする子どもの様子も見られたという（註3）。二代目の専任の司書教諭である樋野義之先生が二〇一二年度の六年生に『いまいましい石』（註4）を読んで、作者のメッセージを考える授業をした時の子どもたちの話し合いの様子を聞いて驚いた。この本のストーリーは航海中に光る不思議な石を見つけ、船員たちが人でなくなってしまうというファンタジーなのだが、光る石が暗示するものをとらえ「光る石は今までなかったものだから夢中になってしまったのではないか」と意見を述べたり、「光を放つ石はテレビのように考える力を奪う力を持っている」と表面的に書かれたストーリーの裏にある作者の文明批判を読み取ったりという発言が飛び交う授業が展開されたそうだ

（註5）。揖屋小が図書館活用教育に取り組んで六年。六年間の学びで子どもたちはこうも変わるのかと驚かされたエピソードであった。この時の授業の様子を県議会議員（当時）の三島治氏は次のように紹介している。

凄い力です！ 東出雲の子どもたち（元島根県議会議員 三島治）

へえ、そこまでの力が育っているんだ、そう感嘆させる揖屋小学校の児童たちです。

素晴らしい天気、昼休みの時間に学校に着くと多くの子どもたちが外で遊んでいます。玄関では、二年生くらいの女子児童が縄跳びの練習中。声を掛けると何人もが見てくれ見てくれと二重跳び、後ろ跳び、交差跳びなどを披露してくれました。

人懐っこい子どもたちでした。本来、子どもって関係性をどんどん作る天才かも。

休み時間に調べ学習

そんな訳ですから、図書館に入ると閑散としています。それでも十数人の児童が思い思いに時間を過ごしています。

その中に四人の児童が額を寄せ合って一冊の本を囲み、ああでもないこうでもないと話しています。

近寄って見ると、ベートーベンについて調べています。声を掛けると、どこの国で生まれたの？ 苗字？ 等質問が飛んできます。

そのうち、ポプラディアを持ってきて何やら引き始めました。見ると、本の中に出てきた一人の女性の名前が気になり調べているんですね。

昼休み、こんなことを普通に行う児童を育てている揖屋小、やっぱり凄い。

いまいましい石

学校図書館が関わる五時間目の授業は、六年の普通教室に出張して行われました。クラス担任、司書教諭、図書館司書が協力し合いながら行う授業です。

この授業は、「いまいましい石」という絵本を教材に、この作者は何を言わんとしているのかを考えようというもの。

リンクを張ったミュウさんという方のブログの筋書きの続きは、輝く魅力的な石を見続けていた船員が猿になってしまう。嵐に会い雷に打たれてその石は光を失う。猿になった船員は、船長が本を読み聞かせたり、音楽を聞かせることによって人間に戻って行くという内容です。

司書教諭によるこの本の読み語りが終わると、四人ずつの班に分かれ、それぞれの班にこの本と一枚の画用紙、黄色とピンクの付箋が配られました。

各々、黄色の付箋には疑問に思ったこと、ピンクの付箋には疑問への予想を書き込み、話し合ってまとめ、それを発表しようというもの。

この作業が二〇分ほど行われ、それぞれの班が話し合ったことを発表したのですが、感嘆したのはここです。

すごい力

たったこれだけの時間で、それぞれの班でまとめ、発表する。思い思いの内容でしたが、九つの班全てが発表したのです。しかも、三六人の児童全員が自分の考えを持って作業に加わり、発表者も押し付け合うでも話し合うでもなく阿吽の呼吸で決まっていく。

どの児童にもすごい力を付けさせている！のです。

最後に、発表したこと以外に自分が予想したことがあれば発表してくださいとの先生の言葉。続いて、一人の男子生徒に発言を促しました。

僕も、発言して欲しいと思った児童で、「光りを放つ石はテレビのように考える力を奪う力がある」と意見を述べました。

三六人全員、ちゃんと目が行き届いているんですね。

この意見をどう思うかとの問いに、「今までなかったものだから夢中になった。TVも、面白いと夢中になって忘れてしまうのとがある」「読書で考える力が戻った」等。

最後に先生が、光る石を見つづける船員が猿になった絵をもう一度見せて、どこかで見るような光景だねと結び、一〇分ほどオーバーしましたが、授業が終わりました。

授業が始まる前、東京から来ていたある全国紙の記者にメディア依存症の話をしたのですが、ドンピシャの話題。

それと、メディア依存症について子どもたちに考えさせるのに、こんなアプローチもあるんですよね。

学校図書館がインフラとして使えると、いろいろなことが可能となり、教育が豊かになりますね。東京の記者が、子どもを連れて引越ししたいと言っていたのも頷けます。

なんともすばらしい授業ではないか。図書館活用教育は子どもの学ぶ力を育てることを如実に示すエピソードだと思われる。

註1　前掲、原田由紀子『東出雲発学校図書館改革の軌跡　身近な図書館から図書館活用教育へ』

註2　前掲、原田由紀子『東出雲発学校図書館改革の軌跡　身近な図書館から図書館活用教育へ』七三ページ

註3　「木を楽しむ『調べ遊び』」（読売新聞　教育ルネッサンス　二〇一二年五月三日）この記事は、前掲、原田由紀子『東出雲発学校図書館改革の軌跡　身近な図書館から図書館活用教育へ』七ページに転載されている。

註4　クリス・ヴァン・オールスバーグ著・村上春樹訳『いまいましい石』（河出書房新社、二〇〇三年）

註5　元島根県議会議員の三島治氏のブログにその時の授業の模様が書かれている。（http://omis24.blog.fc2.com/blog-entry-318.html）

●神奈川県相模原市立藤野小学校

藤野小学校（佐藤健司校長）は、二〇〇五年に近隣の学校を統合して誕生した学校だ。東京駅から中央線で八〇分あまりの藤野駅が最寄りで、相模川をせき止めてできた相模湖畔にある。かつては津久井郡藤野町だったが、二〇〇七年に相模原市に編入された。甲州街道の宿場町として栄え、絵本作家の西村繁男さんら、芸術家や作家等も多く住む、芸術文化の香りの高い地域だ。藤野小学校の校庭には児童文学者の森比左志さんの歌碑もある。全校児童が約二〇〇名、一〇学級（特別支援学級を含む）、学校図書館には図書整理員（非常勤）が配置されている。平成二三年度には子ども読書活動優秀実践校として文部科学大臣表彰を受賞した(註)。

私が藤野小と関わり始めたのは、二〇〇八年度の年度末に行われた同校の研究発表会からとなる。統合によってできた藤野小の初代校長である小俣校長のお誘いで、研究発表会で講演をした。小俣校長は読書活動に独自の意味づけをされ、単に読書に親しむだけではなく、子どもの交流・創造に関わる重要な活動として位置づけて実践を行いたいと考えられていた。私は、それまで読書活動が、主として読書に親しむ活動として位置づけられることが多かったことに物足りなさを感じており、情報リテラシーを育てる教育活動に関心をもっていたので、大いに共感していた。

その翌年、福川裕史校長が着任され、読書活動はどうなるのだろうかと思っていたが、福川校長は読書が学力の基礎をつくることを重視され、読書・学校図書館活用を核にした学校研究はその後も継続されることとなった。赤木先生、石塚先生、武田先生、秋山先生といった熱心な先生が研究を推進された。福川校長時代に、ブックショップという取り組みが学校行事に発展していった。ブックショップとはクラス単位で行われる本の紹介活動だ。クラスごとにどの本を紹介しようかを話し合い、決めた本の魅力を表現していく。絵を描いたり、工作をしたり、劇化したりと様々な工夫を凝らしていくのだ。この表現をつくる過程で、本がよりよく、深く読み合われる。活動の成果は全校児童や保護者、地域の方に向けて公開される。秋に行われるこの行事をひとつのピークとして、藤野小の先生方は子どもの読書生活を見直し、あまり読まない子どもには読めるように、読める子どもはより広く・深く読めるように個に応じた指導をされている。

二〇一一年には文科省から子ども読書活動優秀実践校の表彰を受けた。その後、福川校長の後を引き継がれた高田恵子校長・佐藤健司校長もこの成果を継承・発展に取り組まれている。

本が好き・本が使える子を育てる

藤野小の図書館活用教育は先進校の事例に学びつつ、当初は国語科を中心に進められた。文学作品を読む授業に並行読書や表現活動を位置づけ、子どもの読書経験を豊かにする取り組みである。そして、説明的文章を読む授業で、子どもが読むことを活用し、考え、表現する情報リテラシーを育てる授業にも取り組むようになっていった。社会科などの国語科以外についても授業研究で取り上げるようになっていった。

現在の藤野小の図書館活用教育の二つの柱は「本が好き・本が使える」というキャッチフレーズに集中的に表現されている。

「本が好き」とは、子どもたちと本が出会える場を積極的に設け、本を勧め、個に応じた読書指導をすることによって、読書の習慣化を図り、読書を身近で好ましいものと捉える子どもの姿を求めていることを表現している。

また「本が使える」とは、読書の習慣化を基盤として、調べ・読み取り・考えたことを伝え合う姿を願っていることを表現している。

読書活動の系統でつくる教育課程

藤野小の先生方が取り組んでいる図書館活用教育の重点で、ほかの先進校と異なるのは、学習活動の系統を軸に情報リテラシーを育てる教育課程を考えていることである（図18）。

教育課程を編成するときの基準は学習指導要領にある。学習指導要領は、総則で教育課程編成の重点や方法、各教科・時間等で指導する内容や学力について記述している。近年は一〇年に一度のペースで改訂がされているが、我々の関心は教科でどのような内容を扱い、どのような力をつければよいのかということに向きがちで、それらをどのように総合し、一人の子どもにどのような力を育てていくのかということについては、手立てが不十分であるように思う（新しい指導要領はその点が改善されていくのだろう）。もちろんそういったことは学校教育目標に整理・表現されているはずなのだが、学校教育目標を具現化するための具体的な方法がおのおの明確になっているだろうか。一時間の授業、一単元の経験、そして各学年の教育活動がどのように子どもを育てていくのか、ベテランで力のある教師はそういったことを自分の中で経験的に整理され日々の実践をされているのだろう。ここでは、どのようなキャリアの教師でも、わかりやすく実践が行えるように作品を製作する学習活動を指導過程に組み込むことによって、求める情報リテラシーのスキルが習得され活用できるように活動の系統で整理していこうという研究に取り組んでいるのだ。

例えば、藤野小の高学年では情報リテラシーのスキルの到達点として情報カードを活用してレポートを書いたり、リーフレットを作成したりできることを考えている。五年生から情報カードを使うのだが、何の準

図 18 相模原市立藤野小学校情報リテラシーを育てる学習活動の系統図

	作品	本が好き	作品	本が使える	情報ツール
1年	読書カード	「このお話のここがおもしろい」というところを書き写します。好きな場面の絵も描きます。	図鑑	動物の赤ちゃんの様子を本から書き写したり、絵を描いたりして紹介します。	メモカード
2年	読書郵便	「このお話のここがおもしろいんだよ。」ということを、1年生やおうちの人に、読書郵便で紹介します。	動物のひみつカード	本を選んだりファイル資料で調べたりして「え⁉ そうなんだ！」と思った動物のひみつを書きます。	びっくりカード
3年	ポスター	ポスターを作って、おすすめの本を紹介します。そのポスターを見て、たくさんの人が読みたくなるにはどうしたらいいかな？	生き物図鑑カード	おにぎりカードを使って調べたりまとめたりする方法を学習し、生き物図鑑カードを作ります。百科事典の使い方も学習し、調べ物の達人を目指します。	おにぎりカード
4年	キャラクタープロフィール	主人公と主な登場人物の性格や関係を使ってお話の魅力を紹介します。各キャラクターの魅力を見つけてお話のよさを発見できるかな。	リーフレット	生き物のひみつについてリーフレットを作ります。いろいろと調べた中から「これはすごい！」と思った生き物の特徴を「ひみつ」としてミニカードにまとめていきます。読んだ人が「へー！」と驚くことを紹介できるかな⁉	ミニカード
5年	帯	どの本を買おうか迷ったら本についている帯のコメントを読むといいかもしれません。5年生は、その帯を作って気に入った本を紹介します。	リーフレットパンフレット	調べ学習の強い味方「情報カード」「考えカード」を使って新聞やパンフレットを作ります。あなたは集めた情報からどんなことを考えどんな人に紹介していきますか？	情報カード
6年	ブックナビ	ブックナビを作っておすすめの本の紹介をします。1年生から6年生まで学習したことを活かして書きます。	ナビ・新聞	調べ学習の強い味方「情報カード」「考えカード」を使って新聞やパンフレットをつくります。5年生までに学習したことを活かして、自分の考えを、よりわかりやすく紹介できるようにします。	情報カード

備もなしに調べたことをいきなり情報カードに書き抜くことは困難だ。五年生に至るまで、一年生では、必要な情報を書き抜くことを、二年生では書き抜いたことに対して自分の考えを書くことを、三年生では百科事典の使い方を学んで物事の定義や基本情報の書き方のひな形を学び、四年生では、情報カードの前段階にあるミニカードに調べたことを書き、それをそのまま整理して貼りながらリーフレットをつくるという活動を経験していくのだ。この経験の蓄積の上で五年生では調べたことを情報カードに書き抜き、それを活用してリーフレットをつくるという活動に発展させていくのである。

このように学習活動をつなげ、学び方の発展を子どもたちに意識させつつ実践することによって、指導がしやすくなり、子どもたちも学ぶスキルを自覚的に発展させることができるのである。

註　藤野小の図書館活用教育については、以下で紹介されている。「子どもが主体的に取り組む活動を通して本を『好き』で『使える』児童を育てる：神奈川県相模原市立藤野小学校（特集 学校・自治体の取り組みを徹底取材 読書活動を充実させる実践&アイディア集）」（『総合教育技術』六九（一〇）：五〇—五三ページ、小学館、二〇一四年一一月号）

●島根県松江市立東出雲中学校

松江市立東出雲中学校（門脇岳彦校長）は、松江市に合併される前の八束郡東出雲町時代から図書館活用教育に取り組んでいた学校である。東出雲町の小学校全三校の子どもが東出雲中学校に進学するため、東出雲町の図書館活用教育の中核を担っている学校である。部活動の活発な学校でバレーボールをはじめ、全国大会に出場する運動部も多い。二〇〇八年には読書活動で文部科学大臣表彰を受けている。

東出雲町時代に何度か訪問させていただいた私は、司書教諭・学校司書といった学校図書館スタッフが中心となって図書館活用教育を展開しようとしていた学校という印象を持っている。当時司書教諭であった野津明美先生と学校司書の実重和美先生がチームで行われた授業は理想的な図書館活用教育の授業であった。またこの二人が同じ学年部のスタッフであった時には、学年全体で学校図書館を活用して総合的な学習の時間や各教科での活用に取り組まれていた（註1）。

平成二四年一月には合併前から進められていた校舎の改築が整い、新校舎での授業が始まった。新しい学校図書館はスペース・設備・資料共に理想的な環境で、現在はキャリア教育のインフラとして、全校で学校図書館を活用した授業に取り組まれている。

国語科の授業

二〇〇九年一一月に一年生の国語の授業を参観した。教科書教材「江戸からのメッセージ―今に生かしたい江戸の知恵」（杉浦日向子、『中学校国語1』光村図書）の主題を利用し「暮らしに生かそう　江戸の知恵」

という単元を構成している（註2）。杉浦の文章で紹介される江戸の知恵をヒントに、自分たちの生活に生かせそうな江戸の知恵をグループで調べ、プレゼンテーションを行っていくという単元展開である。生徒たちは、野津先生によるプレゼンテーションでゴールイメージを把握し、実重学校司書によって用意されたパスファインダーを手がかりにして、資料を探し、調べたことを情報カードに書き取り、そこから何をプレゼンテーションするのかを考え、プレゼンテーション作品をつくっていく。時間ごとの導入時に、その時間に取り組むべきことが野津・実重先生によって示され、その後はグループごとに生徒による自主的な活動になる。二人の先生は授業前に行った打ち合わせをもとに、指導する必要があると想定されたグループを回って学習の支援を行っていた。授業中の指導は、学校司書の実重氏が主として資料に関する支援、野津先生が主として学習に関する支援を担当していたが、生徒の求めに応じた臨機応変の対応がなされていた。このような協働が実施できるのは、名表（揖屋小の座席表に相当）を利用し生徒の実態把握・共有がなされていたからである。

生徒たちは、「この知恵はどうだろうか？」と仮のテーマに基づき資料を探し、それを読みつつ自分たちの取り上げたテーマに吟味をかけ、テーマを変更したり、テーマの絞り込みを図ったりしながら再び資料を探し、読みながら学習を進めていった。生徒たちは、自主的に資料を読み、そして考え、必要に応じて話し合っていた。あるグループでは、自分たちが調べていたテーマと同じテーマでプレゼンテーションをしようとしているグループがあることに気づき、テーマを変更しこれからどうしていこうかという話し合いがされていた。大テーマは教師から示されたのではあるが、具体的テーマについて資料を読みながら考える中で、自分たちのテーマになっていることがうかがえた。興奮し、時に激しいやりとりがあるところを、近くで聞きながら時々言葉をかける野津先生の笑顔が印象的だった。生徒たちも楽しんで学んでいるし、その指導をしている先生も楽しそうだった。主体的・能動的な学びが実現されている授業だった。

総合的な学習の時間の学校図書館活用

中学校の総合的な学習の時間で特徴的に扱われる主題は進路に関するものであろう。阪神大震災以降、職場体験などがキャリア教育の必要性の認識ともあいまって、広く取り組まれるようになってきたが、体験だけではなく、その前後に体験する仕事について探究的な学習に取り組む学校が出始めている。実際の職場体験を充実したものにするための取り組みである。この学習は学校図書館機能の活用によって充実し、学びの質を高めることができる。そのために、学習内容に対応した資料の整備と学校図書館活用を総合的な学習の時間の指導計画に位置づけることが重要である。

松江市への合併後、東出雲町の小学校三校と中学校一校は、ほっとハート東出雲学園として施設分離型の小中一貫教育に取り組み始め、その核となる実践のテーマをキャリア教育にした。中学校三年生の五日間の社会体験学習（いわゆる職場体験学習）をピークに小学校から地元との関わりを見直し・深める学習を展開している。小学校二年生では町探検で町内の店や施設を見学し、そこで仕事をしている人の工夫や苦労に気づき、自分たちの町が好きだと思えるような学習を展開している。四年生では地元に伝わる「こだいじ踊り」を学び、伝統文化の大切さとそれに関わる人々の願いに触れて、地域のよさを感じる学習に取り組んでいる。五年生では種まきから脱穀までの米づくり体験に取り組み働くことに関心を持ち、働くことの意義や目的について考える経験をしている。そして、中学校になると一年生でふるさとの人々に学ぼうということで地域の自然・地理・歴史・農業について調査し、地域で働く人へのインタビューを通じて、地域の人々との関わりを深め、地域を大切にする気持ちを高める。二年生では修学旅行中で出会う様々な働く人へのインタビューを行い、働く人の生き方について考え、三年生では地域の事業所に社会体験学習に出かける。

三年生の社会体験学習に出かける前に、自分が行く事業所の仕事の内容を知る必要が出てくる。事業所への挨拶・打ち合わせの前に、学校図書館を利用して事業所の概要や仕事の内容を調べる。二〇一五年九月にその一時間を参観させていただいた。この時間は学年で取り組む総合的な学習の時間で、私が参観したのは福祉関係の事業所に行くグループが学校図書館を利用して仕事の内容等を調べるところであった。授業の冒頭で指導者の野津明美先生（司書教諭）が、本時の課題を確認する。社会体験で行く事業所が、どんな仕事をしているのか、パンフレットや本などを使い、グループで協力して調べようというものだった。仕事に関する図書資料はもちろんのこと、事業所で発行したものや、関連情報の掲載されているリーフレットやパンフレットを事前に収集し資料提供していた。学校図書館で行われた授業なので、学校司書の中谷有水子氏も指導に加わり、調べる活動を指導されていた。調べたことは、ワークシートにまとめられていた。この学校図書館は隣にコンピュータ室を配置し、扉を一枚開ければ、インターネットを使って調べる環境が整えられていたが、本時は使用しないとのことだった。社会体験学習は学校が用意した活動なので、生徒によっては受け身でなんとなく参加してしまう者も出てきてしまうおそれがある。事前に体験学習をする事業所を調べ、事業内容について知識を増やし、考えることによって、主体的に体験学習に参加できるようにとの意図で事前の調べる学習が位置づけられている。生徒たちが資料で調べたことは、実際に事業所を訪問した際にどうであったのかが吟味される。資料を通じた学びも重要だが、生の現場の声とつき合わせながら、また考えさせることも意図されている。生徒たちは自分たちの事業所に合わせて資料を選び、読み進めていった。分からない言葉があると、すっと席を立ち、国語辞典や百科事典、関連する本などを手にしている姿が見られた。小中学校を通して九年間の図書館活用教育の成果であろう。中学三年生ともなると、限られた時間の中で資料を読み、ワークシートに求める事柄をまとめていった。授業終末の本時の振り返りの際に、本時で多くのことがわかったことが報告されていた。

総合的な学習の時間の目標の柱に生き方を考えるということがある。多くの中学校では総合的な学習の時間として職場体験学習が行われており、中学生たちは現場の体験で多くを学んでいるが、東出雲中ではその体験の質を高めるために事前と事後に様々な活動を計画している。本時のように、事前に事業所の仕事の内容について調べることで、事前打ち合わせや体験の様子が変わり手応えを感じているとのことだった。

註1　この学年の取り組みについて野津先生（司書教諭）と実重氏（学校司書）に堀川照代氏がインタビューした映像が放送大学、司書教諭科目「学習指導と学校図書館（二〇一〇）」の第一三～一五回の映像教材に収録されている。

註2　本時の学習指導案については鎌田和宏「教科における学校図書館活用」に掲載（堀川照代『学習指導と学校図書館　新訂』放送大学教育振興会、二〇一〇年、一八二～一八五ページ）。また授業の映像は放送大学の司書教諭科目「学習指導と学校図書館（二〇一六）」の第九回「教科における学校図書館活用（1）」の映像教材に収録されている。

●清教学園中・高等学校（大阪府）

清教学園中・高等学校では、二〇〇二年に始まった総合的な学習の時間で「リブラリア」と名づけられた学校図書館を活用した探究的な学習が行われている（註1）。この取り組みの成果は書籍となっており（註2）、二〇一四年には全国学校図書館協議会から学校図書館賞が授与されている。同校の学校図書館「リブラリア」は二五六平方メートル・座席数二〇席の学校図書館と、隣接されている総合学習室九八・二平方メートル（五〇台のノートパソコンを備え、扉一枚開ければ相互に行き来が可能）からなり、蔵書数五万一三六八点を有し、年間貸し出し点数四万六二八九点（二〇一四年度末）という学校図書館である。図書館教育担当者は、図書館長（探究科・総合担当教諭）専任司書教諭（総合担当教諭）・専任司書・非常勤司書・総合サポーター（常駐スタッフは三名）の五名からなる。このような構成を聞くと、なんと恵まれた環境とうらやましくなるが、同校の学校図書館を活用して展開する「リブラリアカリキュラム」について知ると、これでも施設が十分か、手は足りているのかと不安になる。

中学校のカリキュラムは図のように中学校三年生で取り組まれる卒業研究をゴールに、一年時には図書館入門・読書入門をもとに「スタディ・ポケット」という自分で好きな教科の資料をつくって発表する調べる学習に取り組む（図19）。

二年時には小さな本づくりを通じた個人研究であるブックレットづくりに取り組み、三年時には中学校の締めくくりとして卒業研究に取り組む。全員が個別のテーマを設定し、フィールド・ワーク等にも取り組んで一年をかけて作品を完成させるのである。完成された作品は一冊の本にまとめられ完成度の高いものは装

図19　清教学園中・高等学校　リブラリアカリキュラムの概要

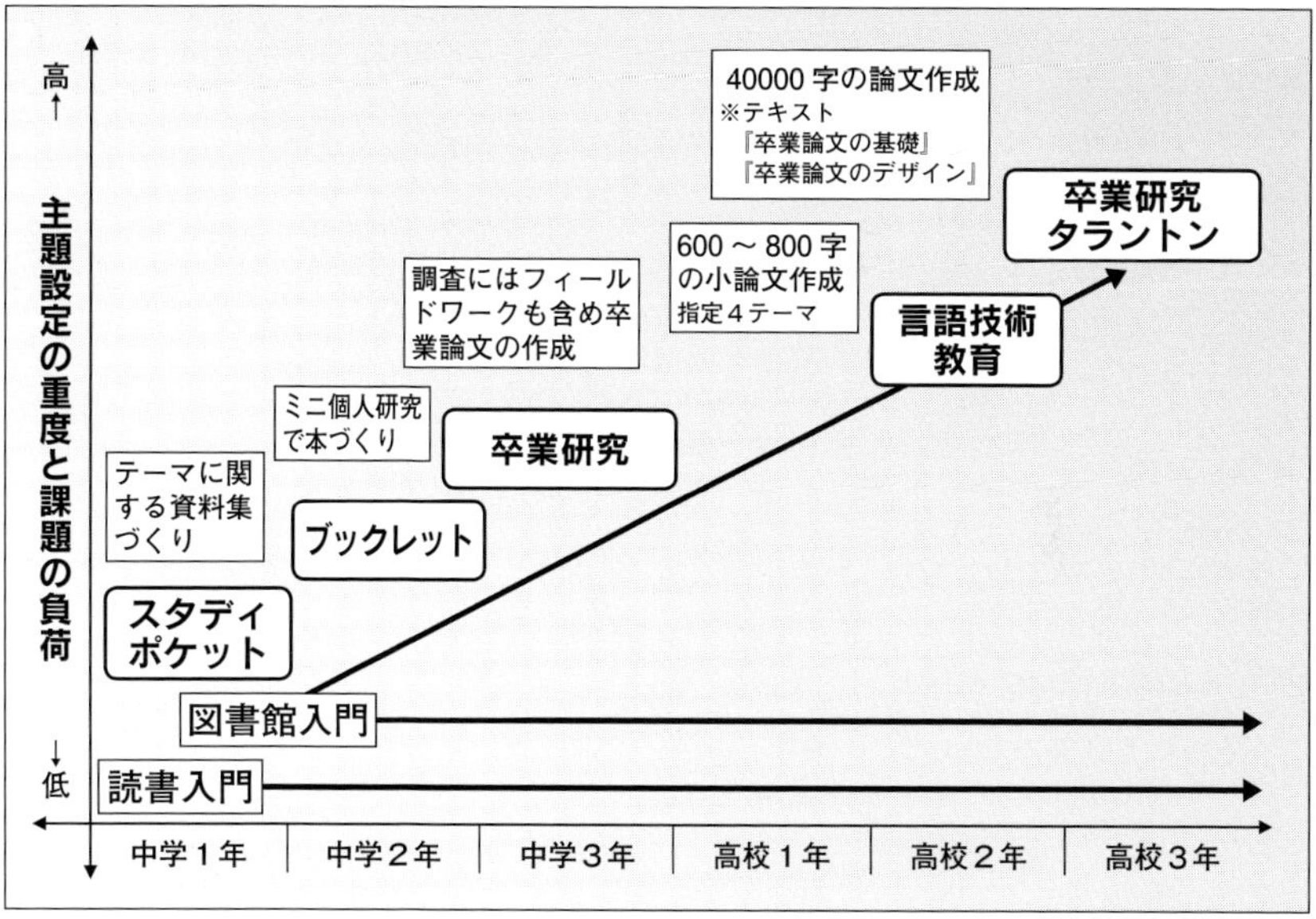

備され、同校学校図書館リブラリアに所蔵される。これらは貸し出しも可能で二〇一四年度末時点で、ブックガイド四〇点・ブックレット二四一点が登録されている。

生徒はこれらの活動を通して、読書の習慣を強化し、自ら探究したいテーマの見つけ方、それに応ずるための資料の探し方や資料の読み方を学んでいく。本科目を指導する片岡則夫教諭は「情報リテラシーを身につけさせるために調べ学習を行わせるのではなく、自分が興味を持って学ぶためにいろいろと調べているうちに情報リテラシーがあとから自然とついてくる」としている。

このリブラリアカリキュラムは中高一貫教育にも取り組んでいる同校の高等学校の探究科に受け継がれ、卒業論文「タラントン」(賜《たまもの》の意)へと発展していく。

二年時には言語技術という授業で論文執筆を実践的に学ぶ(図20)。はじめは先輩が書いた小論文を読み、小論文の書き方を学んだあとで、与えられた主題で小論文を書き、書いたものを互いに読み合い、検討する

図20　探究科授業の実際（46期生の場合）

	2年次（2014年度）	3年次（2015年度）
探究科カリキュラムの概要	【目的】 生徒が主体的な学びを通じ、学問の世界に触れ、自らの賜物（才能、個性）を見いだし生かす。 【概要】 ①論路的に書くための「言語技術教育」 ②研究のための「資料提出」 ③調査・研究のための「論文作法」	
単位数	週2時間・2単位	週2時間・2単位
1学期	言語技術演習（14日・28時間）	小論文の完成・フィールドワーク準備（13日・26時間）
2学期	言語技術演習（続）タラントン開始：テーマを探る（10日・20時間）	論文の完成・提出（11日・21時間）
3学期	タラントンへの助走：小論文作成（9日・16時間）	パスファインダーの作成・後輩へのアドバイス（3日・6時間）
年間日数・時間数	35日／64時間	36日／53時間
総授業日数・時間数	65日（117時間）	

清教学園中・高等学校図書館リブラリア『電子図書館《すくどデジタル》とデジタル化時代の学校図書館』（2016年3月）及び『タラントン2015』等より作成

図21　「言語技術」の内容と評価（2014年度の場合）

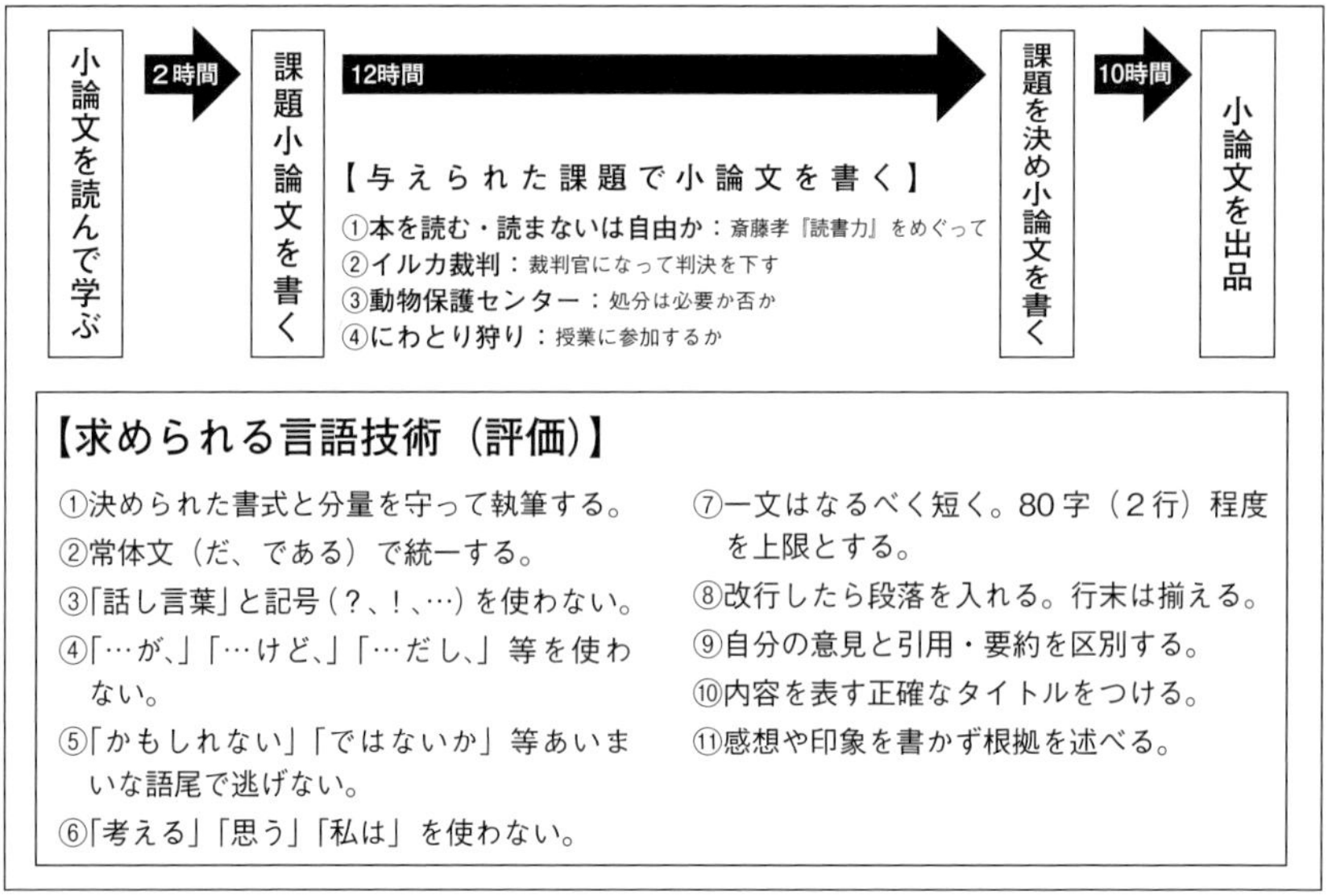
小論文を読んで学ぶ
2時間
課題小論文を書く
12時間
【与えられた課題で小論文を書く】
①本を読む・読まないは自由か：斎藤孝『読書力』をめぐって
②イルカ裁判：裁判官になって判決を下す
③動物保護センター：処分は必要か否か
④にわとり狩り：授業に参加するか
課題を決め小論文を書く
10時間
小論文を出品
【求められる言語技術（評価)】
①決められた書式と分量を守って執筆する。
②常体文（だ、である）で統一する。
③「話し言葉」と記号（？、！、…）を使わない。
④「…が、」「…けど、」「…だし、」等を使わない。
⑤「かもしれない」「ではないか」等あいまいな語尾で逃げない。
⑥「考える」「思う」「私は」を使わない。
⑦一文はなるべく短く。80字（2行）程度を上限とする。
⑧改行したら段落を入れる。行末は揃える。
⑨自分の意見と引用・要約を区別する。
⑩内容を表す正確なタイトルをつける。
⑪感想や印象を書かず根拠を述べる。

というプロセスを繰り返す。そして、小論文を執筆する言語技術を学び（図21）、小論文コンテストに出品する作品を書いていくのである。二〇一四年度の課題は本を読む・読まない、イルカを逃がしたアメリカ人に対する裁判の判決文、動物保護センターの処分の適否、にわとりを殺して食べる授業に参加するか否かの四課題で、図書資料をはじめとして映像資料等も使用され、小論文が書かれている。

二年生の後半から卒業論文タラントンが始まる。ゴールは四〇〇字詰め原稿用紙一〇〇枚の論文作成で、図書資料の利用はもちろんのこと、フィールド・ワークでの取材なども交えて探究は進められる。先輩の論文を読み、ゴールイメージを持つことから始め、自分の興味のある分野に向き合い、課題設定のための企画書づくり、企画に基づいた文献の検索、「ピース」と呼ばれている論文の部品に相当するものの作成へと発展させていく。三年生の八月末には三万字の中間作品を提出し、九月に提出となる。その後も「受理しても完成ではない」と論文を磨く学習が続き、最後は後輩に向けて、自分の探究に即したパスファインダーが作成される。論文の中で、優秀な作品は図書館振興財団主催の「図書館を使った調べる学習コンクール」に出品されるのだが、二〇〇八年に出品が始まり、二〇一五年まで一四作品が入賞し、うち三名が最高位である文部科学大臣賞を受賞している（註3）。図書館振興財団のサイトでは入賞作品のいくつかを読むことができるので、実際にお読みいただきたいが、作品の質の高さが分かるであろう。なお、同校の学校図書館リブラリアには過去の卒業論文の優秀作品五〇〇点あまりが所蔵されている。

このような学習を可能にしている基盤として「何でも学べる学校図書館」の存在が見逃せない。実践の中で蓄積されてきた生徒の問いや疑問に基づいて資料が収集されている。ランガナタンの「図書館は成長する有機体である」との言葉があるが、まさにそれを実践している学校図書館といえるのだろう。

註1　片岡則夫「『なんでも学べる学校図書館』が探究学習を支える―清教学園中学校の総合的な学習の時間の実践から―（1）・（2）」（『学校図書館』七六七号・七六八号、二〇一四年九月・一〇月）

註2　『「なんでも調べる学校図書館」をつくる　ブックカタログ&データ集』（少年写真新聞社、二〇一三年）

註3　図書館振興財団のウェブサイトには、受賞作品の一覧が掲載されており、清教学園から出品された作品の一部を読むことができる。（https://www.toshokan.or.jp/）

●茨城県立水戸第二高等学校

茨城県立水戸第二高等学校は水戸市の中心部に位置し、全日制普通科の県立高等学校である。明治三三年創立の伝統校であり、県下では進学校としても著名で、文部科学省のスーパー・サイエンス・ハイスクール（SSH）の指定を受け、理科教育に力を入れたり、国際理解教育に力を入れ海外研修を実施したりと指導に熱心に取り組まれている学校である。卒業生は教育・医療・芸術などの分野をはじめ、様々な分野で活躍しているとのことである。

この学校での図書館活用教育（註）のきっかけは東日本大震災であったという。校舎は甚大な被害を受け、平成二三年四月からその年度の一月までは学校図書館は一年生の学級教室に使われた。学校図書館が教室になったことで、本来の目的に学校図書館が使用できないというデメリットが生じたが、学校図書館スタッフは生徒の日常に近づき、生徒の悩みを知ることになる。進路である。しかしその悩みの解決に、学校図書館をうまく活用できていない生徒たちの現状も知ることになり、学校図書館はそのような生徒を支援するプログラムの開発に着手した。学校図書館の読書センター機能と学習・情報センター機能を活用して自分の生き方を考えるプログラムである。校内はもとより、茨城県教育委員会等とも相談・連携して「在り方、生き方を考える〜壁を乗り越えた人たち〜」というプログラムを一年生の一クラス（学校図書館で生活していた学級）向けに開発し実践を行った。道徳・総合的な学習の時間という位置づけである。

この単元は、目標を「一人の人物を取り上げ、学校図書館の資料を活用してその人の在り方・生き方を調べ自分の人生に生かしていく」とし、生徒が人物を決めて、学校図書館を使って調べる学習を行い、その人物について調べたことをプレゼンテーションするというものであった。この学びの過程で、学校図書館の利用の仕方（資料の探し方・分類等）が学ばれた。アクシデントから始まった実践であったが、生徒・教師ともに反響は大きく、翌年度は広く実践が展開することとなった。

翌年度である平成二四年度は一年生全員を対象とすることになり、道徳、言語活動、キャリア教育の要素を検討し探究的な学習としてのプログラムが構成された（図22）。

このプログラムはＳＴＡＲＴ（Students Talk About Reading Themes）プログラムと名づけられた。平成二四年度の実践では生徒は三つのコースのいずれかを選択して探究的な活動に取り組んだ。三つのコースとそれぞれの目標は、Ａ進路コース（将来の職業、仕事の意味などについて調べ発表する）、Ｂブックトークコース（一人ひとりが関心のあるテーマを選び、関連する本を数冊紹介することによって自分の考えを発表する）、Ｃ人物コース（一人の人物を取り上げ、図書館の資料を活用してその人の在り方・生き方を調べて自分の人生に生かしていく）である。Ａコースの進路では、将来の職業や仕事の意味などを、選択理由・職業の内容・その職業と社会とのつながり・今、自分ができることを視点に調べ、Ｂコースのブックトークでは在り方、生き方について・伝統、文化について・国際社会について・日本について・郷土について・環境について・命について等を大テーマにブックトークのテーマを設定し、Ｃコースでは選んだ理由・その人の挫折体験とそれをどう乗り越えたかを視点に調べる学習を展開していった。

これによって一年生全員が各自のテーマを持ち、資料を探し、読み、考え、表現するという総合的な学びの経験を持つことができた。この学習を経験した生徒の中には、高校生になって初めて図書館の仕組みについて詳しく知ることができたと語っている者もいた。そして「ＮＤＣによって本が細かく種類ごとに分かれている」（＝分類されている）事実を知り、その有用さに気づき、分類を知ることが今後の自分の生活に役立つであろうことを感じ取った者もいた。このプログラムの学習経験は二年次に取り組まれるＳＳＨでの探究的な学習の基礎となっていったようである。

図 22

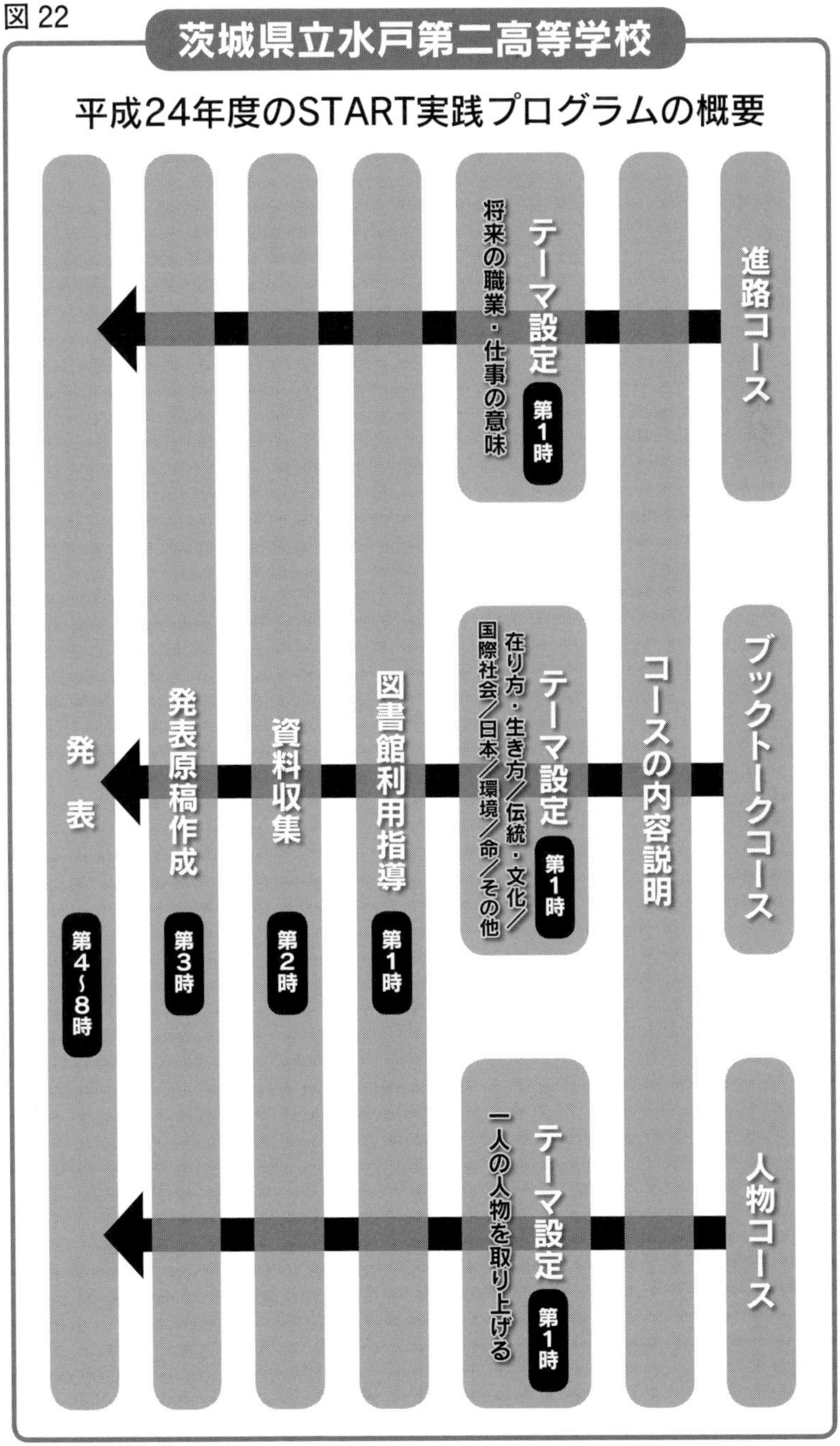

ＳＴＡＲＴプログラムで自分の進路について調べた生徒の感想が印象深い。「自分が幼い頃から持っていた夢ではあるが、それまでは、なかなか本格的に詳しく調べることができなかった。しかし、この学習を契機に、詳しく調べることができ、夢に向かって踏み出せる大きな一歩になりそうだ」と予感している。このエピソードから私たちは重要なことを学ぶことができる。探究的な学習におけるテーマ設定の重要さである。学校では全くの白紙からテーマ設定を行って探究的な学習を行うことはまれである。大テーマは与えられ、その範囲の中で小テーマを設定していくことになるが、このテーマが自分にとって切実なものであれば、探究への意欲は高まり、探究の質も高まる。ＳＴＡＲＴプログラムは生徒にとって切実性の高い大テーマのもとでの各自テーマの設定であるから、探究の意欲も高まり、よりよく学ばれたといえるのではないか。そして、探究過程で駆使される情報リテラシーもよりよく学ばれていったであろう。私たちは課題設定の重要性とその取り組みにおける繊細さを十分認識するべきだろう。社会では課題設定の力量を高めることが求められている。水戸第二高等学校の取り組みから学びたいものである。

註　茨城県水戸第二高等学校「学校図書館を活用した言語活動〈ＳＴＡＲＴプログラム〉の実践」（文部科学省教育課程課編集『中等教育資料』No.九一八、二〇一二年一一月、学事出版）

～もっと学びたい人へ～　学校図書館をめぐる読書案内

【私が図書館活用教育に出会った本】

●山形県鶴岡市立朝暘第一小学校編著『こうすれば子どもが育つ学校が変わる　学校図書館活用教育ハンドブック』（国土社、二〇〇三年）

【私の図書館活用教育実践記録】

●鎌田和宏『小学生の情報リテラシー　教室・学校図書館で育てる』（少年写真新聞社、二〇〇七年）

【私の実践を支えてくれた学校司書の実践記録】

●吉岡裕子『協働する学校図書館　小学校編―子どもに寄り添う12か月―』（少年写真新聞社、二〇一〇年）

【学校司書の実践記録】

●五十嵐絹子『夢を追い続けた学校司書の四十年―図書館活用教育の可能性にいどむ―』（国土社、二〇〇六年）

●村上恭子『学校図書館に司書がいたら―中学生の豊かな学びを支えるために―』（少年写真新聞社、二〇一四年）

【司書教諭・教諭・学校司書の実践から学ぶ】

◆小学校

●徳田悦子『小学校における学び方の指導　探究型学習をすすめるために』（全国学校図書館協議会、二〇〇九年）

●小川三和子『教科学習に活用する学校図書館　小学校・探究型学習をめざす実践事例』（全国学校図書館協議会、二〇一〇年）

◆中学校

●遊佐幸枝『学校図書館発 育てます！調べる力―中学校の実践から―』（少年写真新聞社、二〇一一年）

◆高等学校

●宅間紘一『学校図書館を活用する学び方の指導　課題設定から発表まで』（全国学校図書館協議会、

二〇〇二年）

●片岡則夫『情報大公開術―テーマのつかみ方・情報の調べ方・情報のまとめ方―』（リブリオ出版、一九九七年）※品切れ重版未定

◆**学校司書**

●高桑弥須子『学校ブックトーク入門―元気な学校図書館のつくりかた―』（教文館、二〇一一年）

●門脇久美子・実重和美・漆谷成子・堀川照代『学校図書館は何ができるのか？　その可能性に迫る小・中・高等学校の学校司書3人の仕事から学ぶ』（国土社、二〇一四年）

◆**教育委員会・学校図書館支援センター**

●原田由紀子『東出雲発！　学校図書館改革の軌跡　身近な図書館から図書館活用教育へ』（国土社、二〇一二年）

【情報リテラシーを育てる】

●塩谷京子編著『すぐ実践できる　情報スキル50』（ミネルヴァ書房、二〇一六年）

●桑田てるみ監修・「読むチカラ」プロジェクト編著『鍛えよう！　読むチカラ―学校図書館で育てる25の方法』（明治書院、二〇一二年）

●アメリカ公教育ネットワーク・アメリカスクールライブラリアン協会著、足立正治・中村百合子監訳『インフォメーション・パワーが教育を変える！』（高陵社書店、二〇〇三年）

【教科学習で活用する】

●鎌田和宏・中山美由紀編著『先生と司書が選んだ　調べるための本　小学校社会科で活用できる学校図書館コレクション』（少年写真新聞社、二〇〇八年）

●りかぼん編集委員会編・著『りかぼん　授業で使える理科の本』（少年写真新聞社、二〇一二年）

●片岡則夫編著『「なんでも学べる学校図書館」をつくる　ブックカタログ&データ集―中学生1300人の探究学習から―』（少年写真新聞社、二〇一三年）

おわりに

本書は『小学生の情報リテラシー　教室・学校図書館で育てる』（少年写真新聞社、二〇〇七年）の延長線上にある。前著は学校図書館と「再会」し、情報リテラシーをどう育てるかを核に実践を重ねた小学校教師としての教育実践をまとめたものだ。その後大学で教師教育に携わり、学校現場の授業研究を手伝いながら情報リテラシーを育てる教育実践について考えてきたのだが、そこで考えてきたことを集めたものが本書である。本書のもととなったのは少年写真新聞社の『小学校図書館ニュース』の付録の、「授業で使おう学校図書館　情報リテラシー教育入門」（二〇一二年四月から一五か月にわたって連載）と「続・授業で使おう学校図書館　～情報リテラシーを育てる教育実践展開のために～」（二〇一五年九月から七か月にわたって連載）である。実に多くの機会を頂き、学校図書館を活用した授業について考えさせていただいた。この時期に関わった放送大学の司書教諭科目、「学習指導と学校図書館」のために作成したテキストや映像教材で示してきたこともあわせて整理してみた。

私の関心は、当初社会科の授業をよりよいものにするためにはどうしたらよいかということにあった。もちろん未だに大きな課題であるのだが、社会科の授業を充実したものにするためには、子ども一人ひとりを大切にし、自立した個となるように育てることが重要で、そのためには、問題解決学習を目指すことが必要であることにたどり着いた。問題解決に取り組むためには情報リテラシーが必要である。そこで学校図書館と出会い直した。決められた知を伝えるだけならば教科書と資料集による授業でもよいのだろうが、予測不能の社会で生きていくためには、自分で課題を設定し、調べ、解決する力と技、すなわち情報リテラシーが必要なのだ。まだまだ思いついたことを集めた域を出ないが、まずは集めることからはじめ、教育方法としての学校図書館について深めていければと思っている。読者諸賢のご意見をお待ちしている。

学校図書館との関わりを深めることができたのは、職場の学校司書であった吉岡裕子氏や隣の中学校の学校司書である村上恭子氏によってであったが、そこから広い実践の世界に導いてくださったのは高鷲忠美先生（現・八洲学園大学）であった。高鷲先生に従って、図書館活用教育の実践先進地を訪れ、また新たな先進地の誕生に関わることができた。多くの熱心な方々に引き合わせてくださった。前著もそうであったが、本書誕生の原動力は吉岡氏、村上氏、高鷲先生から頂いたのだと思っている。

私は講演の際に「日本で最も多くの学校図書館を活用した授業の授業研究に関わった研究者」と称し、笑いを取っているのだが、この方面の研究者が少ないため、あながち誇大看板でもないように思う。大学に移ってから、山形県鶴岡市立朝暘第一小学校、島根県八束郡東出雲町の小中学校、神奈川県相模原市立藤野小学校での授業研究を基盤として、北は北海道から南は沖縄まで実に多くの学校図書館を活用した授業に関する実践報告を聞かせていただき、授業を見せていただいた。ある時は授業もさせていただいた。本書はそのような先生方との協働を通して考えてきたことから成っている。お一人おひとり、お名前をあげて、お礼を申し上げることができないのは心苦しいが、実践現場から課題を与えてくださった先生方皆様に感謝の気持ちをお伝えしたい。

最後になったが、この本が世に出ることができたのは少年写真新聞社の藤田千聡氏と田島小姫子氏のお力によるものである。藤田氏はいつも目の前のことに追われ「瀬戸際の魔術師」などとうそぶいている私に、まとまった仕事ができるようにと連載の機会を与えてくださった。また田島氏は辛抱強く遅筆の私を待ってくださった。お二人のご厚意と忍耐なしには本書は成らなかった。深く感謝したい。

二〇一六年七月　一八歳の若者たちが投票する選挙が近づく七夕の夜を前に　鎌田和宏

読書 26,59
読書活動 21,58,60,136,141
読書指導 26.29,34,56,127,137
読書センター 21,34,59,91,96
読書の再定義 27,29
特別支援教育 95
図書館活用教育 25,43,101,118,124,128,137,141,151,156
図書館クイズ 51,130
図書館情報学 91

【な】

名表 142
何でも学べる学校図書館 149
日本十進分類法 14
年鑑 50
年間指導計画 18,67,130
年表 50
ノート 101

【は】

ハイパーリンク 84
白書 50
パスファインダー 142,148
発展 81,85,87,89
パンフレット 79,83,112,139,144
汎用的能力 10,13,17
東出雲中学校 141
東日本大震災 11,45,151
人のいる学校図書館 126,128
ビブリオバトル 60,63
百科事典 51.107,139
ファンタジー 29,131
フィールドワーク 68,147,148
副校長・教頭 44
藤野小学校 82,107,136
付箋 101,133
ブッククラブ 60,63
ブックショップ 137
ブックトーク 59,152
プレゼンテーション 63,81,107,142
分類・整理 69,105
並行読書 59,60,137
ボランティア 35

【ま】

学び方指導体系表 19,131
学ぶスキル 140
水戸第二高等学校 151
メディア 18,56,112,116
メモ 51,101
メモ・ノート 69
目次 51,88,109,119
目録 38,49,54,91,108,112,126
目録カード 125
問題解決学習 158
問題解決過程 78,81
文部科学省 12,33,41,90,95,151

【や】

ユネスコ学校図書館宣言 54,56
読み聞かせ 7,28,30,59,74,98

【ら】

リーディング・ワークショップ 60,63
リーフレット 83,138,144
リスク社会 10
リテラチャーサークル 60,63
リブラリアカリキュラム 146,147
利用指導 48,51,153
レファレンスサービス 120

【わ】

ワークシート 51,79,87,106,144

構成活動 60,71
校長 42,127
高等学校 20,146,151,156
高度情報社会 14,27
校内研究・研修 43
校内組織 41
校内LAN 38,84
合理的な配慮 96
国語科 22,56,93,141
国立教育政策研究所 11
コミュニケーション活動 63
コレクション構築 36,37
コンピュータ 27,119
【さ】
索引 51,88,109,119
座席表 79,80,89
雑誌 31,68,79,111,112,116
冊子目録 38,50
参考図書 49,68,77,107,119
思考ツール 68,106
思考力 11,21,90
司書教諭 33,41,43,54
実践力 11,118
事典 6,50,107
社会科 22,57,76,78,83
終末 69,81
授業構成 56,69
小学校 4,20,33,41,74,78,92,111,124,128,136,156
小中学校 19,38,97,103,144
小中高等学校 8,18,33
情報カード 101
情報活用能力 117
情報教育 44,118
情報メディア 18,57,64,116
情報・メディアを活用する学び方の指導体系表 18,130
情報リテラシー 14,17,26,33,48,93,124,136,147
調べる学習 80,89,144,151
新聞 81,111,139
人名事典 50
図鑑 6,88,139
スキル 11,14,67,76,85,116
ストーリーテリング 59,60
スマートフォン 27
清教学園中・高等学校 146
全国学校図書館協議会 18,19,55,111
総合的な学習の時間 15,22,57,66,90,127,143,146,151
【た】
タブレット 27
探究活動 23,58,64,67,103
探究的な学習 13,24,90,143,146
探究モデル 65
地図 50,68,111
中央教育審議会 12
中学校 20,33,51,57,111,141,146,156
中高等学校 30,50
朝暘第一小学校 44,51,92,124
提示型ソフトウエア 51
デジタル機器 27
展開 69,76
電子メディア 31
電子目録 38,126
東京学芸大学附属小金井小学校 74
統計 50
導入 69,73,142

索　引

【数字・アルファベット】

５Ｗ１Ｈ　113
21世紀型能力　11
ＤAISY図書　97
ICT　117
LLブック　97
NDC　14,37,49,68,119
NIE　82
OECD　12
OPAC　38,50
ＳＴＡＲＴプログラム　152

【あ】

アクティブ・ラーニング　13
アニマシオン　60,63
生きる力　11
一般図書　68,107,119
揖屋小学校　78,87,98,128
インターネット　50,83,114,116,119,121,144
インタビュー　68,93,143
ウェブサイト　84,119
映像資料　111,116,149
オリエンテーション　49,89
音読　28,30

【か】

カード目録　38,50
学習活動　15,21,23,58,
学習指導要領　11,15,18,21,66,90,138
学習指導要領解説　15,22,24,66,68,91
学習者　57,64
　の自立　77,79
　の成長　79,120
学習障がい　96
学習・情報センター　15,21,77,91,96
学級活動　22
学校司書　16,19,33,43,54
学校図書館活用
　53,58,73,76,78,80,85,128,143
学校図書館機能　53,75,77,143
学校図書館憲章　55
学校図書館コレクション　36,77,96
学校図書館支援センター　19,43,157
学校図書館進化論　33
学校図書館スタッフ　24,61,76,80,120,141,151
学校図書館整備　15,39,75,91
学校図書館の資料のデータベース化　130
学校図書館法　16,20,41,53,56,120
学校図書館メディア　54,71
学校図書館利用のマナー　49
キーコンピテンシー（主要能力）　71
基礎力　11
基本的なリテラシー　10
キャリア教育　141,143,152
教育委員会　45,128,151
教育課程　11,17,42,53,138
教科書　54,65,73,77,83
教科書教材　71,74,88,141
京大式カード　101,103
協働　16,19,35,43,78,142
グローバリゼーション　11
携帯電話　27
言語技術　148
検索エンジン　119
公共図書館　36,37,51,74,88,91,111,126

巻末資料

資料1. 【学校図書館活用教育】松江市小中一貫基本カリキュラム

平成28年度版

			1 小学1年	2 小学2年	3 小学3年	4 小学4年
A	知る	図書館の利用	○学校図書館の利用法とマナー、学校司書の存在を知る ・場所、設備、展示物 ・本の借り方返し方を知る	○地域の図書館を利用する ○レファレンスリービスを知り利用する		
B	知る	分類・配架	○本は仲間分けしてあることを知る ○関心のある類について知る		○類を知る（0～9類、絵本）	○ラベルの数字（3桁）の見方を知る
C	見つける	課題の設定	○学習のめあてをもつ ○知りたいことを見つける	○話すこと書くことを選ぶ	○学習計画の立て方を知る ○知りたいことの中から調べることを決める ★思考ツールを利用する	
D	つかむ	情報の収集	○いろいろな情報源があることを知る		○課題を解決するために自分で資料を集める	
E	つかむ	人からの情報	○興味をもって聞く	○人に聞く（マナー） ・短い言葉でメモを取る	○インタビューの仕方を知る ○メモを取る ・事前に質問の内容を決める	○メモの取り方を工夫する ・箇条書き ・話の組み立てを意識する ○アンケートを取る
F	つかむ	図鑑、辞典、事典、統計資料等の利用	○図鑑にふれる	○図鑑を使う ・目次、（索引）を見る	○国語辞典を使う ○百科事典を使う ・目次、索引を使う ○ガイドブック、パンフレットを使う ○ファイル資料を使う	○漢字辞典を使う
G	つかむ	図表、絵、写真の利用	○興味のある図、絵、写真を探す ○絵を読み取る	○絵地図を読み取る	○図表、地図、グラフを読み取る ○年表を読み取る	○広告や説明書を読み取る ○地図帳を使う
H	つかむ	新聞や電子メディア等の利用				○わりつけや見出しを知る ○小学生新聞を読む ・インターネットを利用する
I	つかむ	出典、引用、著作権、参考資料一覧について	○自分の考えと他の人（資料）の考えを区別する	○本の名前と書いた人の名前を書く	○出典について知る ・出版社名を書く	○引用の仕方を知る
J	つかむ	情報の取り出し	○ワークシートに書く ・書き抜く ○メモに書く	○付箋やカードに書く ・短い言葉や文で書く	○情報カードに書く ○要約する ○あらすじをまとめる	○箇条書きをする ○引用する
K	まとめる	情報の整理	○伝える順序を考える ○情報を比べる	○理由を考える	○一番伝えたいことを決める ○書いてあることを整理する ★思考ツールを利用する	○まとまりをとらえる ・推敲する ○関係づけて読む
L	まとめる	まとめ	○感想を入れてまとめる ＊絵カード	○原稿用紙の使い方を知る ＊手紙、クイズ、紹介文	○事実と意見を区別してまとめる ○自分の考えと理由を書く ＊レポート、案内文、説明文、リーフレット、地図	○目的と形式を考えて書く ＊新聞、ブック、意見文、手紙、ポスター ＊ホームページ
M	伝え合う	発表、交流	○いろいろな発表の仕方を知る ＊実物、ペープサート ＊事物の説明、経験の報告、応答、紹介、感想 ○話を集中して聞き話題にそって話し合う	○理由をつけて発表する ＊劇、クイズ、説明 ＊写真、フリップ	○相手に分かりやすい発表をする ・資料の出し方を工夫する ○考えの共通点や相違点を考えて話し合う ○意見交換をする ＊スピーチ	○役わりを考えて話し合う ＊案内
N	ふり返り（毎時間、単元後）		○学習の過程と結果を活動に応じて評価する			

※学習指導要領及び松江市で使用する教科書を参照して作成しました。指導事項、内容は主に国語の教科書で示されている最初の学年のみ記載しています。

※小中ともに国語科の教科書の指導内容を基本とし、小学校では生活科、社会科（「学び方コーナー」）、理科（「理科の調べ方を身につけよう」）、中学校では地理・歴史（「技能を

※学校の実態によって、下の学年で指導することもあります。また、各校の情報教育の指導計画とも照らし合わせて指導をしてください。

※表の内容をどの学習で扱うかは各校の年間指導計画によります。図鑑・辞典・事典の使い方、情報カードの書き方、フリップの作り方、レポートの書き方など「学び方指導の時

※表の各セルの指導事項をどの学習で行うかについては、学年ごとに単元・学習例を示した別表があります。　（「学び方指導体系表」、「単元・学習例関連表」、「学び方指導

※表中の○は指導事項、・は内容を示しています。「まとめる」「伝え合う」の欄の＊印は言語活動例をあげています。

※「◉思考ツール」は、授業のねらいに合わせて選択し、探究的な学習の様々な場面で適切に取り入れてください。 例：ベン図、Xチャート、くま手図、ピラミッド図、ボーン図、座標

※総合的な学習の時間では、上記A～Nを意識的に取り入れた指導を心がけてください。

「学び方指導体系表」～子どもたちの情報リテラシーを育てる～

5	6	7	8	9
小学５年	小学６年	中学１年	中学２年	中学３年
	○地域の図書館、歴史資料館、郷土資料館、科学館、美術館等を活用する ・コンピューター検索	○図書館、博物館、科学館、植物園等を活用する		
○日本十進分類法（NDC）を知る ・請求記号の見方を知る	○類を覚える（0～9類）	○日本十進分類法（NDC）を理解する	○立場を整理する	
○学習計画を立てる ○連想から発想を広げる		○目的と相手を明らかにする ★思考ツールを利用する		○場面と相手と目的を意識する ○社会生活の中から課題設定をする ○ブレーンストーミングをする
○課題に応じて資料や情報を集める ○多面的に考える	○課題に応じて複数の資料や情報を集める ○情報の特性を知る	○観点を立て、情報を集める ・マッピングの利用 ○情報の集め方を考える	○情報メモを書く ○多様な方法で情報を集める ○複数の情報源で調べ、比べる	○説得力のある資料を集める
・質問の答えの予測をたてる	○聞き取り調査をする ○取材をする	○情報を的確に聞き取る ・要点を押さえてメモを取る ・録音、撮影 ・インタビューやアンケートを行う	○要点を整理して聞き取る ・インタビューの依頼文を書く	
○年鑑を使う ○白書や統計資料集を使う	○分野別事典を使う	・国語、漢和、類語、古語、ことわざ、慣用句、英和辞典 ・百科事典 ・地図帳 ・題名、副題、キャッチコピー、目次、索引、引用、奥付	・系図、しくみ図、絵巻物	
○題やキャプションを活用する ○地球儀を使う	○複数の資料を活用する ○年表を活用する	○図表の役割を考えて活用する ・地図帳、写真、雨温図、主題図、地球儀、人口ピラミッド	・地形図 ・天気図	
○記事を読み比べ、書き手の意図を読み取る ・記事の構成、写真の役割 ○メディアの特徴を知る ・メディア・リテラシーを身につける ○気象情報を得る	○説得の工夫を読み取る	○新聞の紙面構成の特徴を知る ・リード文、コラム、キャプション ○インターネットを利用する ・ウェブサイト、著作権、電子メール ○情報モラルを知る	○新聞記事を比べる ○メディアによる情報の特徴を考える	○新聞の社説を比較する ○現代のメディアの特徴を知り、情報発信の意義と注意点を知る
○参考資料一覧を知る ○奥付を見る	○著作権を知る	・コピー、出典、アドレス、著作権、引用 ・本に関する基本情報	○著作権を知る	
○要旨をとらえる		○カードや付箋に書き出す ○要約する ○要旨をとらえる		○取材メモを作る ○論説を比較し評価する ○適切な引用をする
○情報カードを活用する ・取捨選択、順序、構成を考える ○適切な事例や資料をあげる	○複数の情報を効果的に活用する ○項目ごとに整理する	○情報カードを活用する ○構成メモを作る ○根拠を明確にする ○内容や構成、順序を工夫する ★思考ツールを利用する	○情報を分類・整理する ○進行案を作る ○意見と根拠を考える	○編集をする ・見出し、キャッチコピー ○観点を立てて分析する
○目的に合わせた方法を選んでまとめる ○目的に合わせて事実と考えや感想を区別してまとめる ＊感想文、報告文、依頼文 ＊農業ごよみ、関係図	○自分の考えを持つ ＊投書、随筆	○著作権に留意する ○推敲をする ○原稿用紙の使い方を身につける ＊記録、案内、鑑賞、通信、読書感想文 ＊レポート、スピーチメモ、ポスター	○自分の考えをまとめる ○紙面構成を考える ○説明の仕方を工夫する ○表現や構成を工夫する ＊職業ガイド、読書案内、手紙、意見文	○相手の反応に応じられるよう内容を複数準備する ○文章の形態や素材を考える ○論理の展開を考える ＊推敲、報道文、批評文、冊子
○要旨を意識する ○考えを正しく聞き取る ○資料を活用して説明する ＊ポスターセッション、討論、助言、提案、推薦、読書会 ○立場や意図をはっきりさせて計画的に話し合う	○発言の意図を明確にする ○意見と理由とのつながりを考えながら聞く ○問題を解決するために話し合う ＊プレゼンテーション ＊外部の人へ発表会	○反応を確かめ、言い換え、付け足しをする ○わかりやすい発表や説明をする ○話題や方向を考えて話し合う ＊スピーチ、グループ・ディスカッション、ポスターセッション	○助言し合う ○考えを広げる ○プレゼンテーションをする ○相手の話を要約したり、言い換えたりして発言する ○提案をする ＊フリップ、プレゼンテーション、パネルディスカッション	○助言し合い、表現に生かす ○発言を評価する ＊評価メモ ○相手や目的に応じたスピーチをする ○情報発信について話し合う ＊全体会議、発表会、シンポジウム、ディベート

※中学校の教科書での最初の学年を記載していますので、小学校との重複があります。

《コーナー」）、公民（「調査の達人コーナー」）、理科（「巻頭・巻末資料」「基礎操作」）、技術・家庭科、英語（「学び方コーナー」）の内容を参考に記載しています。

して特設したり、単元の学習の中で活用として扱う等各校で工夫してください。

表の趣旨、改訂の内容、表の見方」は松江市校務GWの共有フォルダ内に入れています）

マッピング、フローチャート、ウェビング、KJ法　etc.

使用教科用図書（小学校、中学校教科書）

松江市教育委員会（平成 28 年度現在）

平成 27 年度使用小学校用教科用図書（一覧）

平成 27 年度小学校種目別使用教科書

種　目	発行者名
国　　語	東京書籍株式会社
書　　写	光村図書出版株式会社
社　　会	東京書籍株式会社
地　　図	株式会社帝国書院
算　　数	株式会社新興出版社啓林館
理　　科	東京書籍株式会社
生　　活	東京書籍株式会社
音　　楽	株式会社教育芸術社
図画工作	日本文教出版株式会社
家　　庭	開隆堂出版株式会社
保　　健	東京書籍株式会社

平成 28 年度使用中学校用教科用図書（一覧）

平成 28 年度中学校種目別使用教科書

種　目	発行者名
国　　語	光村図書出版株式会社
書　　写	東京書籍株式会社
社会（地理的分野）	株式会社帝国書院
社会（歴史的分野）	株式会社帝国書院
社会（公民的分野）	東京書籍株式会社
地　　図	株式会社帝国書院
数　　学	東京書籍株式会社
理　　科	東京書籍株式会社
音楽（一般）	株式会社教育芸術社
音楽（器楽合奏）	株式会社教育芸術社
美　　術	日本文教出版株式会社
保健体育	東京書籍株式会社
技術・家庭（技術分野）	東京書籍株式会社
技術・家庭（家庭分野）	東京書籍株式会社
外国語（英語）	東京書籍株式会社

資料2

情報・メディアを活用する学び方の指導体系表

2004年4月1日 全国学校図書館協議会制定

	Ⅰ 学習と情報・メディア	Ⅱ 学習に役立つメディアの使い方	Ⅲ 情報の活用の仕方	Ⅳ 学習結果のまとめ方
小学校低学年	○学習のめあてを持つ ・学習テーマの選択 ○情報・メディアの利用法を知る ・学校図書館のきまり ・学級文庫のきまり ・図書の取り扱い方 ・コンピュータの使い方	○学校図書館を利用する ・ラベルと配置 ・レファレンスサービス ○課題に応じてメディアを利用する ・図鑑等の図書資料 ・掲示、展示資料	○情報を集める ・各種メディアの活用 ・人的情報源の活用 ○記録の取り方を知る ・抜き書きの仕方 ・絵を使った記録の仕方 ・気づいたことの書き方	○学習したことをまとめる ・情報の整理 ・感想の書き方 ・絵や文章のまとめ方 ○学習したことを発表する ・展示、掲示による発表 ・紙芝居やペープサートによる発表 ・ＯＨＰ、ＯＨＣを使った発表 ○学習の過程と結果を評価する ・調べ方 ・まとめ方 ・相互評価
小学校中学年	○学習計画の立て方を知る ・学習テーマの選択 ・調べ方の選択 ○情報・メディアの種類や特性を知る ・図書 ・視聴覚メディア ・電子メディア ・人的情報源 ○情報・メディアの利用法を知る ・学校図書館、学級文庫のきまりや使い方 ・公共図書館でのサービス ・図書の取り扱い方 ・ネットワークの使い方	○学校図書館を利用する ・分類の仕組みと配置 ・請求記号と配架 ・コンピュータ目録 ・レファレンスサービス ○その他の施設を利用する ・公共図書館 ・各種施設 ○課題に応じてメディアを利用する ・国語辞典、地図等の図書資料 ・ファイル資料 ・掲示、展示資料 ・視聴覚メディア ・電子メディア	○情報を集める ・各種メディアの活用 ・人的情報源の活用 ○記録の取り方を知る ・抜き書きの仕方 ・切り抜き、ファイルの作り方 ・要点のまとめ方 ・表や図の作り方 ・ノートのまとめ方 ・ＡＶ機器等を使った記録の取り方 ○必要な情報を選ぶ ・目的に応じた情報の選択 ○利用上の留意点を知る ・インターネット ・著作権 ・情報モラル ・個人情報	○学習したことをまとめる ・情報の取捨選択、整理 ・自分の意見のまとめ方 ・絵や文章のまとめ方 ・図や表の取り入れ方 ・写真や音声の取り入れ方 ・資料リストの作成 ○学習したことを発表する ・展示、掲示による発表 ・紙芝居やペープサートによる発表 ・劇や実演による発表 ・ＯＨＰ、ＯＨＣを使った発表 ○学習の過程と結果を評価する ・メディアの使い方 ・調べ方 ・まとめ方 ・発表の仕方 ・相互評価
小学校高学年	○学習計画を立てる ・学習テーマの決定 ・調べ方の決定 ○情報・メディアの種類や特性を知る ・図書、新聞、雑誌 ・視聴覚メディア ・電子メディア ・人的情報源 ○情報・メディアの利用法を知る ・学校図書館、学級文庫のきまりや使い方 ・公共図書館や各種文化施設でのサービス ・図書の取り扱い方 ・ネットワークの使い方	○学校図書館を利用する ・分類の仕組みと配置 ・請求記号と配架 ・カード目録 ・コンピュータ目録 ・レファレンスサービス ○その他の施設を利用する ・公共図書館 ・各種施設 ○目的に応じてメディアを利用する ・漢字辞典、事典、年鑑等の図書資料 ・新聞、雑誌 ・ファイル資料 ・掲示、展示資料 ・視聴覚メディア ・電子メディア	○情報を集める ・各種メディアの活用 ・人的情報源の活用 ○記録の取り方を知る ・切り抜き、ファイルの作り方 ・要点のまとめ方 ・表や図の作り方 ・ノートのまとめ方 ・記録カードの作り方 ・自作資料の作成法 ・ＡＶ機器等を使った記録の取り方 ・コンピュータでの記録の取り方 ○情報を比較し、評価する ・複数の情報の比較、評価 ○利用上の留意点を知る ・インターネット ・著作権 ・情報モラル ・個人情報	○学習したことをまとめる ・情報の取捨選択、整理 ・自分の考えのまとめ方 ・絵や文章のまとめ方 ・図や表の取り入れ方 ・写真や映像、音声の取り入れ方 ・コンピュータを使ったまとめ方 ・資料リストの作成 ○学習したことを発表する ・展示、掲示による発表 ・紙芝居やペープサートによる発表 ・劇や実演による発表 ・録音、ビデオ、ＯＨＰ、ＯＨＣを使った発表 ・コンピュータを使った発表 ○学習の過程と結果を評価する ・メディアの使い方 ・情報の調べ方 ・情報のまとめ方 ・発表の仕方 ・相互評価

中学校	○学習の方法を考える ・いろいろな学習方法 ・学習計画の立て方 ○情報・メディアの種類や特性を知る ・印刷メディア ・視聴覚メディア ・電子メディア ・人的情報源 ○図書館の役割を知る ・学校図書館 ・公共図書館 ・その他の施設 ・ネットワーク	○図書館を利用する ・分類の仕組み ・配架の仕組み ・目録の種類 ・レファレンスサービス ○各種施設を利用する ・博物館 ・資料館 ・美術館 ・行政機関 ・その他の施設 ○課題に応じてメディアを利用する ・参考図書 ・新聞、雑誌 ・ファイル資料 ・視聴覚メディア ・電子メディア	○情報を収集する ・各種メディアの活用 ・人的情報源の活用 ○効果的な記録の取り方を知る ・ノートの作成法 ・カードの作成法 ・切り抜き、ファイルの作成法 ・ＡＶ機器等を使った記録の取り方 ・コンピュータを使った記録の取り方 ○情報を分析し、評価する ・目的に応じた評価 ・複数の情報の比較、評価 ○情報の取り扱い方を知る ・インターネット ・著作権 ・情報モラル ・個人情報	○学習の結果をまとめる ・評価した情報の整理 ・伝えたいことの整理 ・自分の考えのまとめ方 ・レポートによるまとめ方 ・紙面によるまとめ方 ・コンピュータを使ったまとめ方 ・資料リストの作成 ○まとめたことを発表する ・レポートによる発表 ・口頭による発表 ・展示、掲示による発表 ・実演による発表 ・写真、ＡＶ機器を使った発表 ・コンピュータを使った発表 ○学習の過程と結果を評価する ・調査、研究の方法 ・調査、研究の過程 ・成果の評価 ・相互評価
高等学校	○学習の意味を考える ・学習とは何か ○情報化社会とわたしたちの学習を考える ・現代社会と情報、メディア ・学習と情報、メディア ・情報、メディアの種類と特性 ○図書館の機能を知る ・学校図書館 ・公共図書館 ・ネットワーク	○図書館を利用する ・分類の仕組み ・配架の仕組み ・目録の種類 ・レファレンスサービス ○各種施設を利用する ・博物館 ・資料館 ・美術館 ・行政機関 ・企業 ・その他の施設 ○課題に応じてメディアを利用する ・参考図書 ・新聞、雑誌 ・ファイル資料 ・視聴覚メディア ・電子メディア	○情報を収集する ・各種メディアの活用 ・人的情報源の活用 ・調査、実験、体験などからの情報の入手 ○効果的に記録する ・ノートの作成法 ・カードの作成法 ・切り抜き、ファイルの作成法 ・ＡＶ機器等を使った記録の取り方 ・コンピュータを使った記録の取り方 ○情報を評価する ・情報源の評価 ・目的に応じた情報の比較、評価 ○情報の取り扱い方を知る ・インターネット ・著作権 ・情報モラル ・個人情報	○学習の結果をまとめる ・評価した情報の整理 ・自分の考えのまとめ方 ・目的に応じた記録のまとめ方 ・資料リストの作成 ○まとめたことを発表する ・レポートによる発表 ・口頭による発表 ・展示、掲示による発表 ・実演による発表 ・写真、ＡＶ機器を使った発表 ・コンピュータを使った発表 ○学習の過程と結果を評価する ・調査研究の方法と過程 ・成果の評価 ・相互評価

資料3

ユネスコ学校図書館宣言

長倉美恵子／堀川照代　共訳
1999年11月批准

すべての者の教育と学習のための学校図書館

学校図書館は、今日の情報や知識を基盤とする社会に相応しく生きていくために基本的な情報とアイデアを提供する。学校図書館は、児童生徒が責任ある市民として生活できるように、生涯学習の技能を育成し、また、想像力を培う。

学校図書館の使命

学校図書館は、情報がどのような形態あるいは媒体であろうと、学校構成員全員が情報を批判的にとらえ、効果的に利用できるように、学習のためのサービス、図書、情報資源を提供する。学校図書館は、ユネスコ公共図書館宣言と同様の趣旨に沿い、より広範な図書館・情報ネットワークと連携する。

図書館職員は、小説からドキュメンタリーまで、印刷資料から電子資料まで、あるいはその場でも遠くからでも、幅広い範囲の図書やその他の情報源を利用することを支援する。資料は、教科書や教材、教育方法を補完し、より充実させる。

図書館職員と教師が協力する場合に、児童生徒の識字、読書、学習、問題解決、情報およびコミュニケーション技術の各技能レベルが向上することが実証されている。

学校図書館サービスは、年齢、人種、性別、宗教、国籍、言語、職業あるいは社会的身分にかかわらず、学校構成員全員に平等に提供されなければならない。通常の図書館サービスや資料の利用ができない人々に対しては、特別のサービスや資料が用意されなければならない。

学校図書館のサービスや蔵書の利用は、国際連合世界人権・自由宣言に基づくものであり、いかなる種類の思想的、政治的、あるいは宗教的な検閲にも、また商業的な圧力にも屈してはならない。

財政、法令、ネットワーク

学校図書館は、識字、教育、情報提供、経済、社会そして文化の発展についてのあらゆる長期政策にとって基本的なものである。地方、地域、国の行政機関の責任として、学校図書館は特定の法令あるいは施策によって維持されなければならない。

学校図書館には、訓練された職員、資料、各種技術および設備のための経費が十分かつ継続的に調達されなければならない。それは無料でなければならない。

学校図書館は、地方、地域および全国的な図書館・情報ネットワークを構成する重要な一員である。

学校図書館が、例えば公共図書館のような他館種図書館と設備や資料等を共有する場合には、学校図書館独自の目的が認められ、主張されなければならない。

学校図書館の目標

学校図書館は教育の過程にとって不可欠なものである。

以下に述べることは、識字、情報リテラシー、指導、学習および文化の発展にとって基本的なことであり、学校図書館サービスの核となるもので

ある。

- ●学校の使命およびカリキュラムとして示された教育目標を支援し、かつ増進する。
- ●子ども達に読書の習慣と楽しみ、学習の習慣と楽しみ、そして生涯を通じての図書館利用を促進させ、継続させるようにする。
- ●知識、理解、想像、楽しみを得るために情報を利用し、かつ創造する体験の機会を提供する。
- ●情報の形式、形態、媒体が、地域社会に適合したコミュニケーションの方法を含めどのようなものであっても、すべての児童生徒が情報の活用と評価の技能を学び、練習することを支援する。
- ●地方、地域、全国、全世界からの情報入手と、さまざまなアイデア、経験、見解に接して学習する機会を提供する。
- ●文化的社会的な関心を喚起し、それらの感性を錬磨する活動を計画する。
- ●学校の使命を達成するために、児童生徒、教師、管理者、および両親と協力する。
- ●知的自由の理念を謳い、情報を入手できることが、民主主義を具現し、責任ある有能な市民となるためには不可欠である。
- ●学校内全体および学校外においても、読書を奨励し、学校図書館の資源やサービスを増強する。

以上の機能を果たすために、学校図書館は方針とサービスを樹立し、資料を選択・収集し、適切な情報源を利用するための設備と技術を整備し、教育的環境を整え、訓練された職員を配置する。

職　員

学校図書館員は、可能なかぎり十分な職員配置に支えられ、学校構成員全員と協力し、公共図書館その他と連携して、学校図書館の計画立案や経営に責任がある専門的資格をもつ職員である。

学校図書館員の役割は、国の法的、財政的な条件の下での予算や、各学校のカリキュラム、教育方法によってさまざまである。状況は異なっても、学校図書館員が効果的な学校図書館サービスを展開するのに必要とされる共通の知識領域は、情報資源、図書館、情報管理、および情報教育である。

増大するネットワーク環境において、教師と児童生徒の両者に対し、学校図書館員は多様な情報処理の技能を計画し指導ができる能力をもたなければならない。したがって、学校図書館員の専門的な継続教育と専門性の向上が必要とされる。

運営と管理

効果的で責任のもてる運営を確実にするためには、

- ●学校図書館サービスの方針は、各学校のカリキュラムに関連させて、その目標、重点、サービス内容が明らかになるように策定されなければならない。
- ●学校図書館は専門的基準に準拠して組織され、維持されなければならない。
- ●サービスは学校構成員全員が利用でき、地域社会の条件に対応して運営されなければならない。
- ●教師、学校管理者幹部、行政官、両親、他館種の図書館員、情報専門家、ならびに地域社会の諸団体との協力が促進されなければならない。

宣言の履行

政府は、教育に責任をもつ省庁を通じ、この宣言の諸原則を履行する政策、方針、計画を緊急に推進すべきである。図書館員と教師の養成および継続教育において、この宣言の周知を図る諸計画が立てられなければならない。

出典
長倉美恵子・堀川照代訳
「ユネスコ学校図書館宣言」（『図書館雑誌』94(3)、2000年）

資料4

平成20・21年度版小中高等学校学習指導要領における「学校図書館」に関わる記述

＜小学校＞

【総則】

●第１章　総則

第１　教育課程編成の一般方針　１

（略）学校の教育活動を進めるに当たっては、各学校において、児童に生きる力をはぐくむことを目指し、創意工夫を生かした特色ある教育活動を展開する 中で、基礎的・基本的な知識及び技能を確実に習得させ、これらを活用して課題を解決するために必要な思考力、判断力、表現力その他の能力をはぐくむとともに、主体的に学習に取り組む態度を養い、個性を生かす教育の充実に努めなければならない。その際、児童の発達の段階を考慮して、児童の言語活動を充実するとともに、家庭との連携を図りながら、児童の学習習慣が確立するよう配慮しなければならない。

●第１章　総則

第４指導計画の作成に当たって配慮すべき事項

２　以上のほか、次の事項に配慮するものとする。

⑴各教科等の指導に当たっては、児童の思考力、判断力、表現力等をはぐくむ観点から、基礎的・基本的な知識及び技能の活用を図る学習活動を重視するとともに、言語に対する関心や理解を深め、言語に関する能力の育成を図る上で必要な言語環境を整え 、児童の言語活動を充実すること。

⑵各教科等の指導に当たっては、体験的な学習や基礎的・基本的な知識及び技能を活用した問題解決的な学習を重視するとともに、児童の興味・関心を生かし、自主的、自発的な学習が促されるよう工夫すること。

⑼各教科等の指導に当たっては、児童がコンピュータや情報通信ネットワークなどの情報手段に慣れ親しみ、コンピュータで文字を入力するなどの基本的な操作や情報モラルを身に付け、適切に活用できるようにするための学習活動を充実するとともに、これらの情報手段に加え視聴覚教材や教育機器などの教材・教具の適切な活用を図ること。

⑽学校図書館を計画的に利用しその機能の活用を図り、児童の主体的、意欲的な学習活動や読書活動を充実すること。

【第１章第４の２（10）に関する総則解説】

学校図書館については、教育課程の展開を支える資料センターの機能を発揮しつつ、①児童が自ら学ぶ学習・情報センターとしての機能と②豊かな感性や情操をはぐくむ読書センターとしての機能を発揮することが求められる。したがって、学校図書館は、学校の教育活動全般を情報面から支えるものとして図書、その他学校教育に必要な資料やソフトウェア、コンピュータ等情報手段の導入に配慮するとともに、ゆとりのある快適なスペースの確保、校内での協力体制、運営などについての工夫に努めなければならない。これらを司書教諭が中心となって、児童や教師の利用に供することによって、学校の教育課程の展開に寄与することができるようにするとともに児童の自主的、主体的な学習や読書活動を推進することが要請される。今回の改訂においては各教科等を通じて児童の思考力・判断力・表現力等をはぐくむ観点から、言語に対する関心や理解を深め、言語に関する能力の育成を図る上で必要な児童の言語活動の充実を図ることとしている。その中でも、読書は、児童の知的活動を増進し、人間形成や情操を養う上で重要であり、児童の望ましい読書習慣の形成を図るため、学校の教育活動全体を通じ、多様な指導の展開を図ることが大切である。このような観点に立って、各教科等において学校図書館を計画的に活用した教育活動の展開に一層努めることが大切である。各教科等においても、国語科、社会

科及び総合的な学習の時間で学校図書館を利活用することを示すとともに、特別活動の学級活動で学校図書館の利用を指導事項として示している。また、コンピュータや情報通信ネットワークの活用により、学校図書館と公立図書館等との連携も一層進めやすくなっている。

また、保護者や地域社会の人々との連携協力を進め、学校図書館が地域に開かれたものになり、人々の生涯学習に貢献することも大切である。

※第２章　各教科に関連記述多数あるが略。

●第５章　総合的な学習の時間

・第１ 目標

横断的・総合的な学習や探究的な学習を通して、自ら課題を見付け、自ら学び、自ら考え、主体的に判断し、よりよく問題を解決する資質や能力を育成するとともに、学び方やものの考え方を身に付け、問題の解決や探究活動に主体的、創造的、協同的に取り組む態度を育て、自己の生き方を考えることができるようにする。

・第３ 指導計画の作成と内容の取扱い

１ 指導計画の作成に当たっては、次の事項に配慮するものとする。

⑷育てようとする資質や能力及び態度については、例えば、学習方法に関すること、自分自身に関すること、他者や社会とのかかわりに関することなどの視点を踏まえること。

２ 第２の内容の取扱いについては、次の事項に配慮するものとする。

⑵問題の解決や探究活動の過程においては、他者と協同して問題を解決しようとする学習活動や、言語により分析し、まとめたり表現したりするなどの学習活動が行われるようにすること。

⑶自然体験やボランティア活動などの社会体験、ものづくり、生産活動などの体験活動、観察・実験、見学や調査、発表や討論などの学習活動を積極的に取り入れること。

⑹学校図書館の活用、他の学校との連携、公民館、図書館、博物館等の社会教育施設や社会教育関係団体等の各種団体との連携、地域の教材や学習環境の積極的な活用などの工夫を行うこと。

⑺国際理解に関する学習を行う際には、問題の解決や探究活動に取り組むことを通して、諸外国の生活や文化などを体験したり調査したりするなどの学習活動が行われるようにすること。

⑻情報に関する学習を行う際には、問題の解決や探究活動に取り組むことを通して、情報を収集・整理・発信したり、情報が日常生活や社会に与える影響を考えたりするなどの学習活動が行われるようにすること。

●第６章 特 別 活 動

第２ 各活動・学校行事の目標及び内容

〔学級活動〕

２ 内 容

〔共通事項〕

⑵日常の生活や学習への適応及び健康安全

オ 学校図書館の利用

＜中学校＞

●第１章 総 則

・第１ 教育課程編成の一般方針

１（略）学校の教育活動を進めるに当たっては、各学校において、生徒に生きる力をはぐくむことを目指し、創意工夫を生かした特色ある教育活動を展開する中で、基礎的・基本的な知識及び技能を確実に習得させ、これらを活用して課題を解決するために必要な思考力、判断力、表現力その他の能力をはぐくむとともに、主体的に学習に取り組む態度を養い、個性を生かす教育の充実に努めなければならない。その際、生徒の発達の段階を考慮して、生徒の言語活動を充実するとともに、家庭との連携を図りながら、生徒の学習習慣が確立するよう配慮しなければならない。

・第４ 指導計画の作成等に当たって配慮すべき事項

２ 以上のほか、次の事項に配慮するものとする。

⑴各教科等の指導に当たっては、生徒の思考力、

判断力、表現力等をはぐくむ観点から、基礎的・基本的な知識及び技能の活用を図る学習活動を重視するとともに、言語に対する関心や理解を深め、言語に関する能力の育成を図る上で必要な言語環境を整え、生徒の言語活動を充実すること。

(2)各教科等の指導に当たっては、体験的な学習や基礎的・基本的な知識及び技能を活用した問題解決的な学習を重視するとともに、生徒の興味・関心を生かし、自主的、自発的な学習が促されるよう工夫すること。

(10)各教科等の指導に当たっては、生徒が情報モラルを身に付け、コンピュータや情報通信ネットワークなどの情報手段を適切かつ主体的、積極的に活用できるようにするための学習活動を充実するとともに、これらの情報手段に加え視聴覚教材や教育機器などの教材・教具の適切な活用を図ること。

(11)学校図書館を計画的に利用しその機能の活用を図り、生徒の主体的、意欲的な学習活動や読書活動を充実すること。

<高等学校>

第１章 総 則

第１款 教育課程編成の一般方針

１（前略）学校の教育活動を進めるに当たっては、各学校において、生徒に生きる力をはぐくむことを目指し、創意工夫を生かした特色ある教育活動を展開する中で、基礎的・基本的な知識及び技能を確実に習得させ、これらを活用して課題を解決するために必要な思考力、判断力、表現力その他の能力をはぐくむとともに、主体的に学習に取り組む態度を養い、個性を生かす教育の充実に努めなければならない。その際、生徒の発達の段階を考慮して、生徒の言語活動を充実するとともに、家庭との連携を図りながら、生徒の学習習慣が確立するよう配慮しなければならない。

第５款 教育課程の編成・実施に 当たって配慮すべき事項

５ 教育課程の実施等に当たって配慮すべき事項

(1)各教科・科目等の指導に当たっては、生徒の思考力、判断力、表現力等をはぐくむ観点から、基礎的・基本的な知識及び技能の活用を図る学習活動を重視するとともに、言語に対する関心や理解を深め、言語に関する能力の育成を図る上で必要な言語環境を整え、生徒の言語活動を充実すること。

(10)各教科・科目等の指導に当たっては、生徒が情報モラルを身に付け、コンピュータや情報通信ネットワークなどの情報手段を適切かつ実践的、主体的に活用できるようにするための学習活動を充実するとともに、これらの情報手段に加え視聴覚教材や教育機器などの教材・教具の適切な活用を図ること。

(11)学校図書館を計画的に利用しその機能の活用を図り、生徒の主体的、意欲的な学習活動や読書活動を充実すること。

資料5

学校図書館法

（昭和二十八年八月八日法律第百八十五号）

最終改正：平成二六年六月二七日法律第九三号

（この法律の目的）

第一条　この法律は、学校図書館が、学校教育において欠くことのできない基礎的な設備であることにかんがみ、その健全な発達を図り、もつて学校教育を充実することを目的とする。

（定義）

第二条　この法律において「学校図書館」とは、小学校（特別支援学校の小学部を含む。）、中学校（中等教育学校の前期課程及び特別支援学校の中学部を含む。）及び高等学校（中等教育学校の後期課程及び特別支援学校の高等部を含む。）（以下「学校」という。）において、図書、視覚聴覚教育の資料その他学校教育に必要な資料（以下「図書館資料」という。）を収集し、整理し、及び保存し、これを児童又は生徒及び教員の利用に供することによつて、学校の教育課程の展開に寄与するとともに、児童又は生徒の健全な教養を育成することを目的として設けられる学校の設備をいう。

（設置義務）

第三条　学校には、学校図書館を設けなければならない。

（学校図書館の運営）

第四条　学校は、おおむね左の各号に掲げるような方法によつて、学校図書館を児童又は生徒及び教員の利用に供するものとする。

一　図書館資料を収集し、児童又は生徒及び教員の利用に供すること。

二　図書館資料の分類排列を適切にし、及びその目録を整備すること。

三　読書会、研究会、鑑賞会、映写会、資料展示会等を行うこと。

四　図書館資料の利用その他学校図書館の利用に関し、児童又は生徒に対し指導を行うこと。

五　他の学校の学校図書館、図書館、博物館、公民館等と緊密に連絡し、及び協力すること。

2　学校図書館は、その目的を達成するのに支障のない限度において、一般公衆に利用させることができる。

（司書教諭）

第五条　学校には、学校図書館の専門的職務を掌らせるため、司書教諭を置かなければならない。

2　前項の司書教諭は、主幹教諭（養護又は栄養の指導及び管理をつかさどる主幹教諭を除く。）、指導教諭又は教諭（以下この項において「主幹教諭等」という。）をもつて充てる。この場合において、当該主幹教諭等は、司書教諭の講習を修了した者でなければならない。

3　前項に規定する司書教諭の講習は、大学その他の教育機関が文部科学大臣の委嘱を受けて行う。

4　前項に規定するものを除くほか、司書教諭の講習に関し、履修すべき科目及び単位その他必要な事項は、文部科学省令で定める。

（学校司書）

第六条　学校には、前条第一項の司書教諭のほか、学校図書館の運営の改善及び向上を図り、児童又は生徒及び教員による学校図書館の利用の一層の促進に資するため、専ら学校図書館の職務に従事する職員（次項において「学校司書」という。）を置くよう努めなければならない。

2　国及び地方公共団体は、学校司書の資質の向

上を図るため、研修の実施その他の必要な措置を講ずるよう努めなければならない。

（設置者の任務）

第七条　学校の設置者は、この法律の目的が十分に達成されるようその設置する学校の学校図書館を整備し、及び充実を図ることに努めなければならない。

（国の任務）

第八条　国は、第六条第二項に規定するもののほか、学校図書館を整備し、及びその充実を図るため、次の各号に掲げる事項の実施に努めなければならない。

一　学校図書館の整備及び充実並びに司書教諭の養成に関する総合的計画を樹立すること。

二　学校図書館の設置及び運営に関し、専門的、技術的な指導及び勧告を与えること。

三　前二号に掲げるもののほか、学校図書館の整備及び充実のため必要と認められる措置を講ずること。

附　則

（略）

附　則（平成二六年六月二七日法律第九三号）

（施行期日）

1　この法律は、平成二十七年四月一日から施行する。

（検討）

2　国は、学校司書（この法律による改正後の学校図書館法（以下この項において「新法」という。）第六条第一項に規定する学校司書をいう。以下この項において同じ。）の職務の内容が専門的知識及び技能を必要とするものであることに鑑み、この法律の施行後速やかに、新法の施行の状況等を勘案し、学校司書としての資格の在り方、その養成の在り方等について検討を行い、その結果に基づいて必要な措置を講ずるものとする。

著　者　鎌田和宏

帝京大学教育学部・大学院教職研究科教授。
東京学芸大学大学院教育学研究科修了(社会科教育・歴史学)。
東京都公立学校、東京学芸大学附属世田谷小学校、筑波大学附属小学校教諭を経て、
帝京大学文学部教育学科講師（2008年～)、
大学院教職研究科講師（兼任、2009年～）
帝京大学文学部教育学科・大学院教職研究科准教授（2010年～)、
2013年より現職。
社会科・総合学習・生活科を中心に、学校図書館メディアやＩＣＴを活用して展開する情報リテラシー教育の授業研究に取り組む 。

入門　情報リテラシーを育てる授業づくり

教室・学校図書館・ネット空間を結んで

2016年8月15日　初版第1刷発行
著　者　鎌田 和宏
発行人　松本 恒
発行所　株式会社 少年写真新聞社
〒102-8232
東京都千代田区九段南4-7-16市ヶ谷KTビルI
TEL 03-3264-2624　FAX 03-5276-7785
URL http://www.schoolpress.co.jp/
印刷所　大日本印刷株式会社

ISBN978-4-87981-574-3　C3037

スタッフ　編集：田島小姫子　DTP：服部智也　表紙デザイン：中村光宏　校正：石井理抄子　編集長：藤田千聡